Oraciones con Poder para las Mujeres

EDICIÓN ESPECIAL PARA REGALO

GERMAINE COPELAND

Oraciones con poder
para
las mujeres

Edición especial para regalo

Santiago 5:16

Y esta es la confianza que tenemos en él, que si pedimos alguna cosa conforme a su voluntad, él nos oye en cualquiera cosa que pidamos, sabemos que tenemos las peticiones que le hayamos hecho.

1 Juan 5:14,15

Disponible en otros idiomas en Access Sales International (ASI)
P. O. Box 700143, Tulsa, OK 74170-0143 USA, Fax #918-496-2822

Publicado por
Editorial Unilit
Miami, Fl. 33172
Derechos reservados

Primera edición 2000

Traducido al español por: Amanda Paz

Citas bíblicas tomadas de la Santa Biblia, revisión 1960, Sociedades
Bíblicas Unidas, y la Nueva Versión Internacional © 1999 por la Sociedad Bíblica Internacional. Usadas con permiso.

Producto 550115
ISBN 0-7899-0715-1
Impreso en Colombia
Printed in Colombia

Presentado a

_____

Por

_____

Fecha

_____

Ocasión

_____

Contenido

Parte II: Oraciones por relaciones personales

Parte III: Oraciones por la vida profesional

Parte IV: Oraciones por el ministerio

Una palabra a la mujer

Querida amiga:

Bienvenida a la *Serie Familiar, Oraciones con poder*. Hay muchas decisiones que la mujer de hoy enfrenta, y parece que las presiones en el manejo de su tiempo se tornan abrumadoras. *Oraciones con poder para las mujeres*, es una compilación de oraciones de nuestros libros ya existentes, las cuales creemos serán de gran ayuda en la planeación y el desarrollo de momentos de oración con Dios. Estas oraciones serán de motivación e inspiración para su crecimiento espiritual y entereza emocional.

Desarrollando una vida de oración eficaz, y una lectura de la Biblia constante, usted podrá hacer más íntima su relación con Dios; aprender a reconocer y entender Su naturaleza, y apreciar el valor que él le ha otorgado. Dios, el creador de la mujer, es quien nos da la palabra (de poder). Él llama a las mujeres para que refieran y proclamen las Buenas Nuevas, y nosotras somos sus grandiosas voceras (Salmo 68:11).

En el comienzo cuando Dios creó todas las cosas, él dijo: "Hagamos al hombre a nuestra imagen, conforme a nuestra semejanza, y señoree en los peces del mar, en las aves de los cielos, en las bestias, en toda la tierra, y en todo animal que se arrastra sobre la tierra. Y creó Dios al hombre a su imagen, a imagen de Dios lo creó, varón y hembra los creó" (Génesis 1:26-27).

¿Qué intenciones tenía Dios cuando creó a la mujer? ¿Dios dio igual poder y habilidad a la mujer y al hombre? ¿Permite Dios que la mujer ministre en la iglesia? ¿Qué opina usted de la mujer descrita en Proverbios 31? Después de muchos intentos para ser como esta mujer, yo concluyo que ella es una mujer de Dios; que define varios talentos y dones existentes en el interior del individuo. Dios la creó con un distintivo personal, y quiero animarla a buscar respuesta a estas preguntas. El Espíritu Santo, es el único que la guiará a encontrar toda la verdad, la realidad de quién usted es.

El responder estas preguntas toma una parte valiosa de su tiempo. La sociedad y la iglesia, en una época, fueron muy específicas en la definición de la palabra "MUJER", de acuerdo a sus funciones. En el ambiente donde yo crecí, se entendía que la mujer debía permanecer en su lugar, en la casa y en la iglesia. ¿Será este el "lugar" de Dios para ella? ¿Quién determinó que ella era muy emotiva para tomar decisiones, y que sus ideas y opiniones eran inaceptables? Dios declara que usted es una mujer capaz, inteligente y virtuosa; más valiosa que las piedras preciosas, y de un valor superior al de los rubíes o las perlas (Proverbios 31:10). Nuestro Señor Jesús honró, defendió y valoró a las mujeres, Jesús trajo redención a todos, tanto hombres como mujeres. Él liberó a todos aquellos esclavos del pecado y los perdonó y restauró a todos.

Después de muchos años de estar luchando por salir del molde en que otros me colocaron, yo conocí al Creador como mi Padre celestial. Esto requirió mucho estudio, oración y sanidad emocional; antes de dejar de luchar y ser esa persona que Dios creó. Por mí misma no era posible lograr este cambio, no estaba habilitada para hacerlo; parecía no haber escape de mis prisiones de culpa, vergüenza, temor e intimidación. Dios proveyó una vía de escape, donde antes no parecía haber camino. Mi solución la encontré en la persona de Jesucristo; él es el camino, la verdad y la vida. En la presencia de Dios aprendí que soy libre para tomar decisiones. El "ahora" es el resultado de lo que escogí ayer. Mi crecimiento espiritual y emocional me permite asumir toda la responsabilidad por mis decisiones.

En *Oraciones con poder para las mujeres,* le proporcionamos un medio para empezar. Para comunicarse con Dios, busque un lugar tranquilo y apacible, y aparte un tiempo determinado, preferiblemente al comienzo del día. Comience dirigiéndose a él, como: "Padre Nuestro" y reconozca su soberanía, rogándole que su personalidad sea santificada en Su nombre, lo mismo que todas sus funciones y actividades. Pregúntele qué debe hacer para que su Reino se manifieste en todas sus decisiones. Haga sus peticiones y perdone a los demás, así como él ha perdonado sus pecados. Declare el señorío de Jesús y sométase al ministerio transformador del Espíritu Santo.

La primera parte del libro contiene oraciones por necesidades personales. Este es el deseo de Dios, que conozca su voluntad para su vida. En la Divina Providencia hay sanidad para las mujeres que sufren daño emocional. Él nos ha sacado de la autoridad de las tinieblas y nos ha trasladado al Reino de su amado Hijo. Los viejos patrones de pensamientos son renovados y la metamorfosis de "víctima" a "victoriosa" se convierte en realidad. Usted es más que vencedora a través de él, que la ama. Aprender a vivir en victoria es un proceso que toma tiempo. Nosotras tenemos que entrenar nuestros sentidos para distinguir entre lo bueno y lo malo. Usted podrá recuperarse de sus temores personales: el temor de fracasar, de estar sola, o tener que demostrar a otros su realidad. Se puede mirar al espejo y aceptar esa "mujer" que Dios creó. Él nos da la gracia para salir del lazo del enemigo. Usted no tendrá más temor de las opiniones del hombre.

Usted nació para tiempos como estos. ¿Sabe quién es usted? ¿Sabe por qué nació? ¿Cuál es su misión en la vida? ¿Conoce sus capacidades? Da la impresión que la mayoría de nosotras sólo conocemos nuestras flaquezas. ¿Está habilitada para gloriarse en sus debilidades y permitir que el poder de Dios se manifieste a través de ellas? El conocer las respuestas a estas preguntas, le dará dirección y poder para tomar decisiones sabias. Así cuando usted asume la responsabilidad por sus decisiones, podrá cosechar las recompensas.

Relacionarnos es importante para nosotras, por esto tenemos una sección especial de oraciones que nos prepararán para el desarrollo de una relación saludable con Dios, con la familia y con otras personas. Yo conozco muchas mujeres solteras que están buscando un hombre para sentirse completas. Concéntrate en ser la mujer que Dios creó, y no tendrás que exponerte a establecer alianzas pecaminosas, que tengan como resultado culpa y condenación.

La mujer maltratada se siente atrapada, y se pregunta si podrá encontrar una salida. Algunas continúan viviendo con hombres que abusan de ellas porque piensan que las cosas pueden cambiar. Otras se conforman con la esperanza de que la situación mejore, y continúan de una tormenta a otra, agradecidas por los momentos de calma. Las adicciones y conductas de los demás controlan significativamente sus pensamientos y su forma de actuar. Solo la oración capacita para desarrollar verdadero amor, tomar decisiones santas y realizar los cambios necesarios.

Con frecuencia estas mujeres se enojan con Dios, por no intervenir en sus situaciones de fracaso, las cuales son el resultado de sus elecciones malas. Se sienten ansiosas al continuar en estas relaciones no saludables, creyendo que pueden cambiar a la otra persona, y continúan, sin importar cuán grande es el costo emocional para ellas y sus hijos. ¿Qué principios y valores están enseñando a sus hijos?

Las mujeres que viven en relaciones abusivas, con frecuencia creen que esto es "correcto" y quieren que Dios haga justicia con el esposo u otros aspectos importantes. En una ocasión alguien que visitó nuestro ministerio se enojó cuando le ministramos diciéndole que Dios la llamaba a la paz, no a aceptar la infidelidad de su esposo y soportar el abuso. Estos son algunos de los detalles compartidos con ellas:

- Dios no necesita que usted viva siendo abusada. Una vez cuando la multitud quería tirar a Jesús por el despeñadero, él se alejó de ellos. Comience a cambiar, y cambio produce cambio. Dios siempre nos da instrucciones para desarrollar una nueva naturaleza, creada en Cristo Jesús. Renuncie a viejas conductas; cambie sus actitudes y pensamientos de acuerdo a Su voluntad. Cuando nosotras permitimos que otros pequen contra nosotras, nos hacemos partícipes de sus pecados y pagamos las consecuencias.

- No se aísle en la creencia de que no hay otra persona que enfrente sufrimientos como los suyos. La Palabra dice que nuestros sufrimientos son comunes a todas las personas. Participe de una iglesia local donde pueda recibir el consejo y la dirección de Dios. Hoy muchas iglesias tienen grupos de apoyo donde puede encontrar personas que entienden sus aflicciones, porque han pasado por estas experiencias personalmente. Así como ellas disfrutan del reposo que han encontrado, usted también puede ser reconfortada y alentada por ellas.

- Nosotros oramos con estas personas y le pedimos a Dios que les dé el coraje para tomar la decisión que sea necesaria para protegerse ella y sus hijos.

Cuando nuestra confianza ha sido traicionada, esto se convierte en una dificultad para confiar en Dios, a quien nosotras no podemos ver. "Es por gracia que confiamos más en él". Los sentimientos de inseguridad controlan muchas veces las decisiones de una mujer, y la mantienen en una situación dolorosa y peligrosa. Una mujer herida emocionalmente, compartió que valía la pena ser abusada, para luego sentirse amada durante cortos períodos de paz. Ella quedó libre para salir de esta situación cuando se abrazó al verdadero amor de Jesús. No se resista a aquello para lo cual Dios la creó, y no comprometa sus convicciones para obtener los elogios y la aprobación de otros.

Viva, hable y dé sinceramente en todos los momentos de su vida. Debe estar siempre atenta para escuchar de la sabiduría Divina. La sabiduría que viene de lo alto es cordial, honesta y sincera (Santiago 3:17). Camine en la verdad desarrollando el fruto del espíritu, y obedezca al Espíritu Santo en cada área de su vida. Elija sus prioridades. Busque (desee primero y luego esfuércese) primero que todo, el reino de Dios y su justicia (su forma de ser y hacer lo correcto)... (Mateo 6:33).

Guarde las Palabras de Dios en su corazón. Conozca sus enseñanzas, ellas son verdadera vida y buena salud para usted. Guarde cuidadosamente sus pensamientos, porque ellos son la fuente de una vida verdadera. Nunca diga mentiras ni engañe al hablar (Proverbios 2:2-4). Cuando usted se mantiene en una integridad santa, caminará en rectitud, en amor y obediencia de acuerdo a la Palabra de Dios.

Muchas mujeres están controladas por el miedo de nunca casarse, quedarse solaso o nunca tener hijos; y la lista sigue. Satanás toma ventaja de estos temores, y traza sus esquemas para derrotar y destruir a las mujeres, Satanás ha odiado a las mujeres desde su creación. En Génesis 3:15, Dios le dijo a él:

"De ahora en adelante, tú y la mujer serán enemigos, tu simiente, y la de ella, tú herirás su talón, pero ella te aplastará la cabeza". Jesús nuestro Salvador le venció y aplastó con su poder y autoridad. Hoy nosotras hacemos cumplir la triunfante victoria de nuestro Señor Jesucristo. Este es el tiempo para que cada mujer individualmente se levante, determine su valor, y se fije altos principios de acuerdo a sus metas y a la voluntad y el propósito de Dios para ella.

Muchas mujeres solteras miran a sus hermanas casadas y dicen llorando: "Tú no me entiendes". Las mujeres casadas, por su parte, quisieran de buena gana cambiar sus problemas matrimoniales, por los que tiene una persona soltera. Algunas mujeres piensan que están incompletas, y se sienten indignas al no tener un compañero. En algunas iglesias a una mujer soltera nunca se le permite desempeñar el papel de líder, ella está descalificada por no tener esposo. Qué tragedia que la iglesia pierda esta oportunidad para entrenar una poderosa líder, y sacrificar así valiosos talentos por doctrinas hechas por hombres.

Si las mujeres, tanto solteras como casadas, pudieran tener un foro abierto podrían descubrir que ambas están en la misma situación de dificultad, si ellas no tienen una relación personal con Cristo Jesús, nuestro Señor. Ustedes están completas en él. Más de una mujer casada dice: "Yo no puedo hallarme a mí misma, No puedo conocer quién soy. ¿Por qué me siento incompleta? ¿Qué está mal en mí? Yo me siento insignificante". En muchas ocasiones culpan de esto al esposo. El correctivo necesario para obtener paz, sanidad emocional y sentirse bien, es colocar todo sobre Jesús (Isaías 53:5). Cuando Jesús vino y habitó entre nosotros, él reveló a Dios como un Padre amoroso. En la medida que desarrolle una relación íntima con él, usted podrá aprender a apreciarse y amarse a sí misma, y entonces podrá recibir amor y atreverse a amar a otros.

En este libro, podrá encontrar oraciones para fortalecerse siendo soltera o casada, una madre que está en casa o una profesional. Comience temprano su día, prepárese para invertir tiempo en la oración y la meditación. Sí, yo estoy en el ministerio y amo mi trabajo, pero cada día antes de ir a la oficina, dedico tiempo para orar, meditar y leer la Palabra de Dios, además de un material de inspiración para el crecimiento personal. Cuando mis hijos están en casa también debo tener el tiempo necesario con mi Padre, en oración y estudio bíblico. "Mas por él estáis vosotros en Cristo Jesús, el cual os ha sido hecho por Dios, sabiduría, justificación, santificación y redención" (1 Corintios 1:30).

Orar es conversar con nuestro Padre celestial, debemos tomar tiempo para hablar con él y escuchar en quietud su suave voz. Él conoce nuestras circunstancias presentes y futuras; y está preparado para proveer exactamente lo que necesitamos cada día. Concentre sus pensamientos y cuide sus actividades diarias. Dios puede recibir gloria y honor a través de nuestra rutina diaria. Yo oro para que otras mujeres puedan llegar a conocer a nuestro Padre que está en el cielo, precisamente porque nosotras hemos estado en oración con Jesús.

Mi oración es que podamos hallar fuerza, descanso, sanidad y fortaleza con la oración de acuerdo a la Palabra de Dios. Crecer en gracia y en el conocimiento de nuestro Señor y Salvador Jesucristo; aprendiendo, creciendo y triunfando siempre. La fe viene del oír y el oír la Palabra. Cuando nos escuchemos a nosotras mismas orando, vamos a descubrir que realmente creemos. Dios es galardonador de aquellos que con diligencia le buscan.

¡Oh, cuán grande amor ha tenido el Padre hacia nosotras; para ser llamadas hijas suyas! Usted es una hija del Dios Altísimo. Él nos acondiciona para sobrepasar obstáculos y triunfar en cada área de la vida. ¡USTED ES UNA MUJER DE DIOS!

Amándola en el nombre de Jesús
Germaine Copeland
Su hermana en Cristo

Confesiones personales

Jesús es Señor en mi espíritu, mi alma y mi cuerpo (Filipenses 2:9-11).

Jesús, el cual nos ha sido hecho por Dios sabiduría, justificación, santificación y redención. Yo todo lo puedo en Cristo que me fortalece (1 Corintios 1:30, Filipenses 4:13).

El Señor es mi pastor y nada me faltará. Mi Dios suplirá todas mis necesidades, de acuerdo a sus riquezas en gloria en Cristo Jesús (Salmo 23, Filipenses 4:19).

No tengo temor ni ansiedad en cuanto a nada; no tengo por qué preocuparme (Filipenses 4:6, 1 Pedro 5:6-7).

Yo soy el cuerpo de Cristo. He sido redimida de la maldición, porque Jesús llevó mis enfermedades y cargó mis dolencias en su propio cuerpo. Por sus heridas yo soy sanada. Yo prohíbo a cualquier enfermedad o dolencia operar en mi cuerpo. Cada órgano y cada tejido de mi cuerpo funciona a la perfección porque Dios los creó para funcionar. Yo honro a Dios, y lo glorifico en mi cuerpo (Gálatas 3:13, Mateo 8:17, 1 Pedro 2:24, 1 Corintios 6:20).

Tengo la mente de Cristo, y mantengo los pensamientos, sentimientos y propósitos de su corazón (1 Corintios 2:16).

Yo soy una mujer creyente y no incrédula. Sostengo firme mi confesión de fe, decido caminar por fe y practicarla. Mi fe viene por el oír, y el oír la Palabra de Dios. Jesús es el autor y consumador de mi fe (Hebreos 4:14, Hebreos 11:6, Romanos 10:17, Hebreos 12:2).

El amor de Dios ha sido derramado en mi corazón por el Espíritu Santo, y su amor habita en mí en abundancia. Yo decido permanecer en el reino de luz, en el amor y en la Palabra; y el maligno no me podrá tocar (Romanos 5:5, 1 Juan 4:16, 1 Juan 5:18).

Camino sobre serpientes, escorpiones y sobre todos los poderes del enemigo. Tomo mi escudo de la fe y apago sus dardos de fuego. Mayor es aquel que vive en mí, que el que está en el mundo (Salmo 91:13, Efesios 6:16, 1 Juan 4:4).

He sido rescatada de este mundo presente de maldad, y estoy sentada con Cristo en lugares celestiales. Yo resido en el reino del amado Hijo de Dios. La ley del Espíritu de vida en Cristo Jesús me ha hecho libre de la ley del pecado y de la muerte (Gálatas 1:4, Efesios 2:6, Colosenses 1:13, Romanos 8:2).

No tengo temor, pues Dios me ha dado Espíritu de poder, de amor y de dominio propio, él siempre está a mi lado (2 Timoteo 1:7, Romanos 8:31).

Yo escucho la voz del Buen Pastor, escucho la voz de mi Padre, pero la voz de un extraño no sigo. Pongo mis obras en el Señor. Se las entrego y confío a él por completo, quien puede hacer que mis pensamientos sean agradables, y de igual manera mis planes futuros se concreten y lleguen a feliz terminación (Juan 10:27, Proverbios 16:3).

Yo soy una que vence al mundo, porque soy nacida de Dios. Represento al Padre y a Jesús. Sy un miembro útil del cuerpo de Cristo. Soy hechura suya, creada de nuevo en Cristo Jesús. Dios, mi Padre, mientras tanto está trabajando en mí para hacer su buena voluntad (1 Juan 5:4-5, Efesios 2:10, Filipenses 2;13).

La Palabra de Dios habita ricamente en mí. Aquel que comenzó la buena obra, la perfeccionará hasta el día de Cristo (Colosenses 3:16, Filipenses 1:6).

Parte I

Oraciones por necesidades personales

~ *Uno* ~
Para recibir a Jesús como Señor y Salvador

*P*adre, está escrito en tu Palabra, que si confieso con mi boca que Cristo es Señor y creo con mi corazón que tú lo levantaste de entre los muertos, seré salva. Por tanto, Padre, confieso que Jesús es mi Señor. Lo hago Señor de mi vida en este instante. Creo en mi corazón, que tú lo levantaste de la muerte. Yo renuncio a mi vida pasada y cierro la puerta a cualquier plan de Satanás.

Te doy gracias por perdonarme todos mis pecados. Jesús es mi Señor, soy una nueva creación, todas las cosas viejas han pasado, ahora todas las cosas son nuevas en el nombre de Jesús. Amén.

Citas bíblicas de referencia

Juan 3:16	*Juan 14:6*
Juan 6:37	*Romanos 10:9-10*
Juan 10:10b	*Romanos 10:13*
Romanos 3:23	*Efesios 2:1-10*
2 Corintios 5:19	*2 Corintios 5:17*
Juan 16:8-9	*Juan 1:12*
Romanos 5:8	*2 Corintios 5:21*

27

~Dos ~

Para glorificar a Dios

Tengo en cuenta (todas) las misericordias de Dios, y decido dedicar mi cuerpo, presento todos mis miembros y facultades como un sacrificio vivo, santo (dedicado, consagrado) y agradable a Dios que es mi culto racional (razonable e inteligente) y adoración. No es en mi propia fuerza Señor, porque Dios es el que produce en mí el querer como el hacer para tu deleite y satisfacción.

Padre, no retrocederé ni me rendiré con temor, porque entonces tu alma no se agradaría de mí. Yo fui comprada por un precio, adquirida como tesoro y pagada; te pertenezco. Así que entonces yo te honro, Señor, y te glorifico en mi cuerpo.

Te invoqué en el día de la angustia, tú me libraste, y ahora te honraré y glorificaré. Me regocijo porque tú me libraste, y me sacaste fuera del control y el dominio de las tinieblas y me transferiste al Reino de tu amado Hijo.

Te alabaré, oh Señor, con todo mi corazón, y glorificaré tu nombre para siempre.

Como sierva de Jesucristo recibo y desarrollo los talentos que me han sido dados; porque haré que digas de mí: "Bien, buen siervo (honorable y admirable) y fiel." Yo hago uso de los dones (cualidades, talentos, facultades) de acuerdo a la gracia que me ha sido dada. Dejo que mi luz alumbre de tal manera ante los hombres, que ellos puedan ver mi excelencia moral, mérito, nobleza y buenas obras; y reconozcan, honren, alaben y glorifiquen a mi Padre que está en los cielos.

En el nombre de Jesús, dejo que mi vida exprese con amor, la verdad en todas las cosas; hablo verdad, procedo con honestidad y vivo con sinceridad. Todo cuanto hago, no importa lo que sea, en palabras o en obras, lo hago en el nombre del Señor Jesucristo, y dependo de él, llevando mis oraciones al Padre a través de Jesús. Cualquiera que sea mi tarea, trabajo en ella de todo corazón (con el alma) como si la hiciera para el Señor y no para los hombres. A Dios el Padre sea toda la gloria, honor y alabanza. Amén.

29

Citas bíblicas de referencia

Romanos 12:1   Mateo 25:21

Filipenses 2:13   Romanos 12:6

Hebreos 10:38b   Mateo 5:16

1 Corintios 6:20   Efesios 4:15

Salmo 50:15   Colosenses 3:17

Colosenses 1:13   Colosenses 3:23

Salmo 86:12

~Tres~

Para conocer la voluntad de Dios

Padre, en el nombre de Jesús, te agradezco que estás instruyéndome en el camino por el cual yo debo ir, y me guías con tu mirada. Gracias por tu guía y dirección, de acuerdo a tu voluntad, tu plan y tu propósito para mi vida. Yo oigo la voz del Buen Pastor, pues te conozco y te sigo. Tú me llevas por sendas de justicia por amor de tu nombre.

Gracias Padre, porque mis caminos se hacen más claros, hasta que alcancen la plenitud del día. A medida que te sigo, Señor, creo que mi camino se torna más claro cada día.

Gracias Padre, que Jesús me ha sido hecho sabiduría, y la confusión no es parte de mi vida. No estoy confundida acerca de tu voluntad para mi vida. Confío en ti, y no me apoyo en mi propia prudencia. Te reconozco en todos mis caminos y sé que estás dirigiendo mis pasos. Tengo la certeza de que como confío completamente en ti, tú me mostrarás la senda de la vida. Amén.

Citas bíblicas de referencia

32

~Cuatro~

Sabiduría santa en los asuntos de la vida

Padre, tú dices que si alguno necesita sabiduría que la pida de ti, quien das a todo hombre con libertad y sin reproche, y le será dada. Por lo tanto, yo pido en fe, sin duda alguna, ser llena con el conocimiento de tu voluntad en toda sabiduría y conocimiento espiritual. Hoy inclino mi oído a tu sabiduría y aplico mi corazón a tu entendimiento, para que de esta forma, pueda recibir aquello que gratuitamente me ha sido dado.

En el nombre de Jesús, recibo habilidad y sabiduría divina e instrucción. Yo discierno y comprendo las palabras de entendimiento y revelación. Recibo instrucción para lidiar con los asuntos sabiamente, y la disciplina del pensamiento sabio, justicia e integridad. Prudencia, entendimiento, discreción y discernimiento me son dados; para crecer en conocimiento. Como persona comprensiva, adquiero habilidad y atiendo el consejo sabio (para que pueda manejar mi curso con justicia).

La sabiduría me mantendrá, defenderá y protegerá, yo la amo y ella me protege. Yo la valoro y la exalto; y ella me traerá honra, porque la abrazo,

33

coloca sobre mi cabeza una diadema de gracia; una corona de belleza y gloria me dará. Largura de días hay en su mano derecha; y en su mano izquierda riquezas y honor.

Jesús me ha sido hecho sabiduría, y en él están todos los tesoros de (divino) la sabiduría (comprender la revelación en los caminos y propósitos de Dios), y (toda la riqueza espiritual) conocimiento e iluminación son almacenados y guardados sin ningún engaño. Dios ha escondido la sabiduría sobria y santa y la ha guardado para mí, porque yo soy la justicia de Dios, en Cristo Jesús.

Por lo tanto, caminaré en senderos de justicia. Cuando camine, mis pasos serán sin dificultad, mi camino estará limpio y abierto, y cuando corra no tropezaré. Yo retengo la instrucción y no la dejo ir, la guardo, porque ella es mi vida. Dejo que mis ojos miren directo (con un propósito determinado) mi mirada estará siempre hacia delante. Considero bien cada paso de mis pies, y dejo que todos mis caminos sean establecidos y ordenados en justicia.

Padre, en el nombre de Jesús, observo con cuidado cómo ando. Vivo con propósito, dignidad y acierto, no como necia, sino como una persona sensible, inteligente y sabia; aprovechando bien el tiempo porque los días son malos. Amén.

Citas bíblicas de referencia

Santiago 1:5-6a	1 Corintios 1:30
Colosenses 1:9b	Colosenses 2:3
Proverbios 2:2	Proverbios 2:7
Proverbios 1:2-5	2 Corintios 5:21
Proverbios 4:6,8,9	Proverbios 4:11-13,25-26
Proverbios 3:16	Efesios 5:15-16

~ *Cinco* ~

Para conquistar la vida del pensamiento

En el nombre de Jesús, tomo autoridad sobre mi vida de pensamientos. Aunque camine (viva) en la carne, no militamos según la carne, usando armas humanas; porque las armas de mi milicia no son carnales (armas de carne y sangre) sino poderosas en Dios, para la destrucción de fortalezas. Yo derribo argumentos, teorías, razones y toda altivez que se levante en contra del (verdadero) conocimiento de Dios. Llevo cautivo cada pensamiento y propósito a la obediencia a Cristo, el Mesías, el Ungido.

Con mi alma bendeciré al Señor, con cada pensamiento y propósito en mi vida. Mi mente no se desviará de la presencia de Dios. Mi vida glorificará al Padre –*espíritu, alma y cuerpo*–. No tomo en cuenta el mal que he sufrido; no tiene lugar en mis pensamientos. Estoy siempre dispuesta a creer lo mejor de cada persona. Me ciño los lomos de mi mente y dispongo mis pensamientos en las cosas de arriba, no en las de la tierra.

Todo lo bueno, lo que sea digno de reverencia, honorable, correcto, justo y puro, todo lo digno de

36

amar, lo amable y bondadoso, sabio y lleno de gracia, si hay alguna virtud y excelencia en ello, si hay algo digno de alabanza, en esto pensaré, consideraré y tendré en cuenta esas cosas, fijaré mi mente en ellas.

La mente carnal ya no opera en mí, porque ahora tengo la mente de Cristo, el Mesías; y sostengo los pensamientos (sentimientos y propósitos) de su corazón. En el nombre de Jesús, yo practicaré todo cuanto he aprendido, recibido, escuchado y visto en Cristo. Tomaré de esto el modelo para mi vida; y el Dios de paz, sin angustia, de bienestar, sin perturbación, estará conmigo.

En el nombre de Jesús. Amén

Citas bíblicas de referencia

2 Corintios 10:3-5   Colosenses 3:2

Salmo 103:1   Filipenses 4:8

1 Corintios 6:20   1 Corintios 2:16

1 Corintios 13:5b,7a   Filipenses 4:9

1 Pedro 1:13

~ Seis ~
Para caminar
en humildad

adre, me revisto de humildad y renuncio al orgullo y la arrogancia, pues tú das gracia al humilde. Por lo tanto, me humillo bajo tu poderosa mano para que tú me exaltes cuando fuere tiempo.

En el nombre de Jesús, deposito completamente mis inquietudes (todas mis ansiedades, preocupaciones, lo concerniente a mi futuro, de una vez y para siempre) sobre ti. Por tu cariñoso y vigilante cuidado, espero una vida victoriosa y una obra sobrecogedora, porque mis actos son hechos en el nombre de un espíritu humilde, sometido a tu verdad y rectitud.

Padre, en el nombre de Jesús, rehúso ser sabia en mi propia opinión, prefiero vivir en el temor de Dios, y huir del mal. Esto infundirá salud a mi cuerpo y fortalecerá mis huesos.

Padre, me humillo y me someto a tu Palabra, que dice... expone, discierne, analiza y juzga los pensamientos y las intenciones de mi corazón. Pruebo mis propias obras, así que podré tener una autoestima apropiada , sin compararme con los demás.

38

La seguridad de tu guía me permitirá llevar mis propias cargas con energía y confianza.

Escucho con cuidado lo que me dicen. Inclino mi oído hacia la sabiduría, y de corazón me entrego a la inteligencia. La humildad y el temor de Dios traen riqueza, honra y vida.

Padre, en mi corazón he guardado tus dichos para no pecar contra ti; como una persona escogida por ti, santa y amada, me visto de entrañable misericordia, de benignidad, de humildad, de mansedumbre y paciencia; soportando a los demás y perdonándolos si alguno tuviere queja de mí. De la misma manera que Cristo me perdonó, sobre todas estas cosas me visto de amor, que es el vínculo perfecto. La paz de Cristo gobierna en mi corazón y estoy agradecida por su gracia y el poder de su Espíritu Santo.

39

Padre, hágase tu voluntad en la tierra, en mi vida, así como en el cielo. En el nombre de Jesús. Amén.

Citas bíblicas de referencia

~*Siete* ~

Cuide sus palabras

$\mathscr{P}$adre, en el nombre de Jesús, hoy hago este compromiso contigo. Me apartaré de las palabras ociosas y las vanas habladurías que son contrarias a mis verdaderos deseos para otros y para mí. Tu Palabra dice que la lengua contamina todo el cuerpo, encendida por el infierno, prende a su vez fuego a todo el curso de la vida.

En el nombre de Jesús, estoy decidida a tomar el control de mi lengua. No dejaré que el infierno le ponga fuego. Renuncio a toda palabra que haya salido de mi boca contra ti y tu obra, oh Dios. Rechazo esas palabras y me arrepiento de ellas. Anulo su poder y dedico mi boca a comentarios excelentes y nobles. Mi boca hablará siempre la verdad y cosas rectas.

Yo soy la expresión de la Justicia Divina, dirijo el curso de mi vida hacia la obediencia, la abundancia, la sabiduría, la salud y el gozo. Todo cuanto digo es digno de Dios. Rehúso desviarme de las palabras puras y sanas. Mis palabras y acciones siempre manifestarán tu justicia, tu santidad y tu salvación. Guardo mi boca y mi corazón con toda diligencia, y renuncio a darle a Satanás ningún lugar dentro

41

de mí. Estoy decidida a no seguir siendo de doble ánimo con mis palabras.

Padre, tus palabras ocupan el primer lugar en mi vida. Ellas son espíritu y vida. Permito que ellas habiten en mí, compartiéndome toda sabiduría. Por medio de la Palabra de Dios y por las palabras de mi boca, el poder de Dios es liberado dentro de mí. De mi boca salen tus palabras. Tú y tus palabras están vivas y obran en mí. Por eso puedo decir con todo valor que mis palabras son palabras de fe, de poder, de amor y de vida. Ellas producen buenas obras en mi vida y en la vida de otros. Puesto que escojo tus palabras para mi boca, escojo tu voluntad para mi vida, y voy hacia delante en el poder de esas palabras haciéndolas realidad en el nombre de Jesús. Amén.

42

Citas bíblicas de referencia

Efesios 5:4	*Proverbios 21:23*
2 Timoteo 2:16	*Efesios 4:27*
Santiago 3:6	*Santiago 1:6*
Proverbios 8:6-7	*Juan 6:63*
2 Corintios 5:21	*Colosenses 3:16*
Proverbios 4:23	*Filemón 6*

~Ocho~

Para vivir libre de preocupación

Padre, te doy gracias porque me has liberado del poder de las tinieblas y me has trasladado al Reino de tu Hijo amado. Me comprometo a vivir libre de preocupaciones en el nombre de Jesús, porque la ley del Espíritu de vida, en Cristo Jesús, me ha librado de la ley del pecado y de la muerte.

Me humillo bajo tu poderosa mano para que a su debido tiempo tú me puedas exaltar. Te entrego, de una vez y para siempre, todas mis cargas (nombrarlas), todas mis ansiedades, todas mis preocupaciones e inquietudes. Sé que tú me cuidas con cariño y siempre estás interesado en mí. Me sostienes y nunca permites que tu justicia sea removida, que resbale, caiga o fracase.

Padre, deleitándome en ti, perfeccionas todo lo que a mí me concierne.

Rechazo las imaginaciones (razonamientos) y toda cosa que se exalte contra tu conocimiento. Someto todo pensamiento a la obediencia a Cristo. Me despojo de toda carga, incluyendo la preocupación, que es un pecado que tan fácilmente me acosa. Corro con paciencia la carrera que ha sido

43

colocada delante de mí, mirando a Jesús, el autor y consumador de mi fe.

Te doy gracias, Padre, que tú eres poderoso para guardar lo que te he encomendado. Pienso (fijo mis pensamientos) en aquellas cosas que son verdaderas, honestas, justas, puras, amorosas, de buen testimonio, virtuosas, y dignas de alabanza. No permito que mi corazón sea perturbado. Habito en tu Palabra y ella habita en mí. Por lo tanto, Padre, nunca olvido qué clase de persona soy. Continuamente estudio la ley perfecta que trae libertad y allí permanezco, no como una oidora olvidadiza sino como una hacedora de la Palabra; bendecida en todo lo que hago.

Gracias, Padre, que estoy libre de preocupaciones. Camino en la paz que sobrepasa todo entendimiento, en el nombre de Jesús. Amén.

44

Citas bíblicas de referencia

Colosenses 1:13   Hebreos 12:1-2

Romanos 8:2   2 Timoteo 1:12

1 Pedro 5:6-7   Filipenses 4:8

Salmo 55:22   Juan 14:1

Salmo 138:8   Santiago 1:22-25

2 Corintios 10:5   Filipenses 4:6

~ Nueve ~
Súplica por la sangre de Cristo

I

Oración matutina[1]

Padre, yo vengo en el nombre de Jesús, suplicando que su sangre sea sobre mi vida, sobre todo lo que me pertenece, y sobre todo lo que tú me has hecho mayordomo.

Declaro la sangre de Jesús en los marcos de mi mente, mi cuerpo (el templo del Espíritu Santo), mis emociones, y mi voluntad. Creo que estoy cubierta por la sangre del Cordero que me da acceso al Santo de los santos.

Ruego por la sangre de Jesús sobre mis hijos, mis nietos y los hijos de ellos, y todos aquellos que tú me has dado en esta vida.

Señor, tú has dicho que la vida de la carne está en la sangre. Gracias por esta sangre que me ha limpiado

45

---

1. Basada en la oración escrita por Joyce Meyer en el libro *The Word, the Name and the Blood* [La Palabra, el Nombre y la Sangre] (Tulsa: Harrison House, 1995).

del pecado, y ha sellado un Nuevo Pacto en el cual yo tomo parte. En el nombre de Jesús. Amén

Citas bíblicas de referencia

Éxodo 12:7-13   *Levítico 17:11*
1 Corintios 6:19   *1 Juan 1:7*
Hebreos 9:6-14   *Hebreos 13:20*

II

Oración vespertina[2]

Padre, cuando me acuesto a dormir, abogo por la sangre de Jesús sobre mi vida, dentro y alrededor de mí, y en medio de toda autoridad del maligno conmigo.

En el nombre de Jesús. Amén.

---

2. Basada en una oración escrita por Mrs. C. Nuzum como lo registra Billye Brim en el libro *The Blood and the Glory* [La Sangre y la Gloria] (Tulsa;Harrison House, 1995).

~ Diez ~

Para romper la maldición del abuso

Introducción

> *Cristo nos rescató de la maldición de la ley al hacerse maldición por nosotros; pues está escrito: "Maldito todo el que es colgado de un madero."*

Gálatas 3:13

47

Un domingo por la mañana, después que había enseñado una lección titulada "Sanidad para las heridas emocionales", un hombre joven quiso hablar conmigo. Lo escuché muy atenta, mientras él me contaba que acababa de ser liberado de la cárcel, y ahora estaba con permiso condicional, por abusar físicamente de su familia. Su esposa había iniciado el proceso de divorcio, y él estaba viviendo solo. No fue fácil contarme su pecado, y me impresionó su actitud humilde.

Él dijo: "Estoy contento de que este mensaje se esté dando en la iglesia, y que la persona abusada pueda recibir ayuda. ¿Hay algún lugar donde la persona que ha abusado de otros pueda ir para recibir ayuda espiritual?"

Él me contó que estaba asistiendo a un grupo de apoyo para quienes han cometido maltrato, pero deseaba involucrarse en una iglesia donde pudiera recibir perdón y aceptación. Sabía que sólo el Espíritu le podría cambiar interiormente. Yo oré con él; pero esto fue tres años antes de que yo pudiera escribir una oración para la persona que ha abusado de otros.

Mientras leía, estudiaba y buscaba al Señor, descubrí que el abusador es casi siempre una persona que ha sido abusada. Con frecuencia, el problema es una maldición de generaciones anteriores que ha estado en la familia desde tiempo tan lejano como para que alguien la pueda recordar. Muchas veces, el abusador afirma que nunca tratará a su esposa e hijos de la forma en que lo trataron a él, pero su resentimiento lo lleva a actuar de la misma forma violenta.

48

La maldición de generaciones puede cambiarse, cuando el abusador está dispuesto a que Dios remueva los defectos de su carácter que lo han mantenido cautivo.

Si usted ha abusado de una persona, le exhorto hacer esta oración, hasta que se haga realidad en su vida, si usted conoce a alguien que ha abusado de otros, haga esta oración como un medio de intercesión.

Oración

*Y*o confieso y acepto que Jesús es mi Señor, y te pido que tu voluntad se cumpla en mi vida.

Padre, tú me has rescatado del dominio de las tinieblas, y me has llevado al Reino de tu amado Hijo. Durante un tiempo he estado en oscuridad, pero ahora en ti, estoy en luz y camino como un hijo de luz. El abuso es expuesto y condenado por la luz; se hace visible y claro; y donde todo es visible y claro hay luz.

Ayúdame a crecer en gracia (favor inmerecido, fuerza espiritual) reconocimiento, sabiduría y entendimiento de mi Señor y Salvador, Jesucristo. Así que puedo experimentar tu amor, y confiar que eres un Padre para mí.

La historia de mi familia terrenal está llena de situaciones de abuso, mucho odio, contienda y cólera. Las memorias dolorosas de pasados abusos (*verbal, emocional, físico y/o sexual*) me han llevado a ser agresiva con otros.

Yo deseo ser una que practica tu Palabra, no sólo una que la oye. Sin importar qué dirección llevo, por mí misma no puedo hacer lo correcto; deseo hacerlo, pero no puedo. Cuando quiero hacer el bien no lo hago; y cuando trato de no hacer el mal, lo hago de todas maneras. Parece que el pecado todavía me tiene en sus garras diabólicas. Este dolor me ha causado daño a mí y a otros, en mi mente yo quiero servirte voluntariamente; pero me encuentro todavía esclava del pecado.

49

Confieso mi pecado de abuso, resentimiento y hostilidad hacia otros, te pido me perdones, tú eres fiel y justo para perdonar mis pecados y limpiarme de toda maldad. Estoy cansada de traer mi pasado a mi vida presente, perpetuando así maldición de rabia y abuso a través de generaciones.

Jesús se hizo maldición por mí; por esta razón Señor, me coloco tu armadura, de modo que yo pueda ser habilitada para resistir en victoria todas las estrategias y trucos del diablo. Te doy gracias, pues el poder diabólico del abuso ha sido roto, despreciado y derrotado. Me someto a ti y resisto al diablo, la necesidad de herir a otros ya no controla mi vida o a mi familia. En el nombre de Jesús. Amén.

Citas bíblicas de referencia

Romanos 10:9	*Romanos 7:18-25*
Mateo 6:10	*1 Juan 1:9*
Colosenses 1:13	*Gálatas 3:13*
Efesios 5:8,13	*Efesios 6:11-12*
2 Pedro 3:18	*2 Corintios 10:5*
Santiago 1:22	*Santiago 4:7*

~*Once* ~

Sanidad del abuso

Introducción

$\mathcal{E}$sta oración puede ser aplicada para una situación de abuso: físico, mental, emocional o sexual. Yo escribí esta oración, después de leer el libro de T.D. Jakes *Woman, Thou Art Loosed*.4 Cuando hacía esta oración, experimenté personalmente victoria y libertad. No soy más una víctima, soy una triunfadora.

51

Oración

$\mathcal{S}$eñor, tú eres mi Sumo Sacerdote, te pido me liberes de esta "debilidad". El abuso que yo sufrí me define culpable y condenada. Yo estaba atada a una prisión emocional –sepultada– y no podía levantarme por mí misma. Tú me has llamado, y yo he venido.

La unción que está sobre ti, está presente para vendar y sanar totalmente mis emociones heridas del pasado. Tú eres la verdad que me hace libre.

---

4. Shippensburg, PA: Treasure House, 1993.

Gracias, Señor, por guiarme a caminar paso a paso a través de mis emociones. Tú has comenzado la buena obra en mí, y la continúas hasta el día de Jesucristo.

Padre, deseo vivir de acuerdo al Espíritu de vida en Cristo Jesús. Este Espíritu de vida en Cristo, es como un viento fuerte, es como sentir un aire maravillosamente claro, liberándome del peso de una vida eterna de brutal tiranía en manos del abuso.

Desde ahora soy libre, y deseo olvidarme de todas aquellas circunstancias pasadas y de futuras mentiras. Me apresuro a ganar la meta (suprema y celestial), tu recompensa, que es en Cristo Jesús, el supremo llamamiento. El pasado ya no tendrá más control sobre mis pensamientos ni mis patrones de conducta.

Te alabo, Señor. Soy una nueva criatura en Cristo Jesús, las cosas viejas pasaron, y ahora todas han sido hechas nuevas. Yo declaro y decido que de aquí en adelante caminaré en una nueva vida.

Perdóname Padre, por despreciarme y autocondenarme siendo tu hija. Tú enviaste a Jesús para que yo tenga vida, y la tenga en abundancia. Gracias por la sangre de Jesús que ha hecha todo esto para mí.

Es mi deseo arrojar todo lo opuesto a la virtud, y cualquier demonio canceroso en la basura. En sencilla humildad, yo permito que tú, Señor, mi Jardinero, siembres en mí tu Palabra, y hagas de mi vida un jardín de salvación.

Padre, por tu gracia, perdono a quien ha abusado de mí, el abuso cometido y te pido que lleves a esta o estas personas al arrepentimiento.

En el nombre de Jesús oro, Amén.

Citas bíblicas de referencia

Lucas 13:11-12	Romanos 6:4
Juan 14:6	1 Juan 3:1-2
Juan 8:32	Juan 10:10
Filipenses 1:6	1 Juan 1:7
Romanos 8:2	Santiago 1:21
Filipenses 3:13-14	Mateo 5:44
2 Corintios 5:17	2 Pedro 3:9

~ *Doce* ~

Para dejar ir el pasado

Padre, me doy cuenta de mi gran impotencia para salvarme a mí misma y me glorío en que Cristo Jesús lo hizo por mí. Dejo ir y coloco a un lado mi pasada fuente de confianza, y considero todas estas cosas menos que nada, para colocar mi experiencia en Cristo y ser una con él.

Señor, he recibido a tu Hijo, y él me ha dado la autoridad (poder, privilegio y derecho) para convertirme en tu hija.

Reviso mi pasado y coloco en tu propia perspectiva todas estas cosas que han quedado atrás. He sido crucificada con Cristo y ya no vivo yo, mas Cristo vive en mí. La vida que vivo en mi cuerpo, la vivo por fe en el Hijo de Dios, que me amó y se dio a sí mismo por mí; yo confío en ti, Señor, con todo mi corazón y no me apoyo en mi propio entendimiento para reconocerte en todos mis caminos. Yo te reconozco, y tú haces mis caminos derechos.

Quiero conocer a Cristo, el poder de su resurrección y el sentimiento del sufrimiento compartido, viniendo a ser como él en su muerte, y así de esa manera lograr la resurrección de la muerte. Así que, sin importar lo que suceda, yo seré una persona con la nueva frescura de vida de aquellos que están vivos entre los muertos.

No estoy tratando de decir que soy perfecta. Todavía no he aprendido todo lo que debo, pero sigo trabajando hacia ese día en que, finalmente, sea todo aquello que Dios al salvarme, quiere que yo sea.

Trato con todas mis fuerzas de apoyarme en esto, sin importar mi pasado, miro adelante, al frente. No es que ya lo haya conseguido todo o que sea perfecta, pero sigo adelante esperando alcanzar aquello para lo cual Cristo Jesús me alcanzó a mí

En su nombre oro. Amén.

Citas bíblicas de referencia

Filipenses 3:7-9   *Proverbios 3:5-6*

Juan 1:12   *Filipenses 3:10-11*

Salmo 32:5   *Romanos 6:4*

Filipenses 3:13   *Filipenses 3:12-14*

Gálatas 2:20

~ *Trece* ~

Fortaleza para vencer preocupaciones y cargas

*P*or qué te abates oh, alma mía? ¿Y por qué te turbas dentro de mí?

Padre, tú resistes a los soberbios y das gracia (de continuo) a los humildes. Por lo tanto, yo me someto a ti. En el nombre de Jesús resisto al diablo, y éste huirá de delante de mí. Resisto las preocupaciones de este mundo, que tratan de aprisionarme a diario. Si el Señor no edificare la casa, en vano trabajan los que la edifican.

Jesús, vengo ante ti porque estoy trabajada y cargada, y tú me haces descansar. Tú aligeras, alivias y refrescas mi alma.

Yo llevo tu yugo sobre ti y aprendo de ti; que eres manso y apacible de corazón; y hallo descanso, alivio, refrigerio, recreación y bendita paz para mi alma. Porque tu yugo es fácil, no áspero ni duro, no afilado ni apremiante, en cambio es confortable, bondadoso, y placentero, y tu carga es ligera y fácil de sobrellevar.

Arrojo mi carga sobre ti, Señor (aliviando todo este peso), y tú me sustentarás. Te doy gracias porque tú no dejarás (de forma continua) para siempre caído al justo.

56

En el nombre de Jesús, resisto al diablo. Estoy firme en mi fe (contra su ataque) arraigada, establecida, fuerte, inamovible y determinada (en contra de sus asechanzas) en la fe. Yo descanso de (la preocupación y pena) toda labor humana, y soy celosa y me obligo y trato con diligencia entrar en el reposo (de Dios), para conocerlo y experimentarlo por mí misma.

Padre, te doy gracias porque tu presencia está conmigo y me da descanso. Estoy tranquila y descanso en ti, Señor; espero por ti y con paciencia permanezco en ti. No me impacientaré ni dejaré que se turbe mi corazón, ni que el temor entre a él. En Dios pondré mi esperanza y lo alabaré. Él es mi Salvador y mi Dios. En el nombre de Jesús. Amén.

Citas bíblicas de referencia

57

Salmo 42:11a

Santiago 4:6-7

Salmo 127:1a

Mateo 11:28-30

Salmo 55:22

1 Pedro 5:9a

Hebreos 4:10b,11

Éxodo 33:14

Salmo 37:7

Juan 14:27b

Salmo 42:11b

~ *Catorce* ~
Sanidad para el daño emocional

*P*adre, en el nombre de Jesús, vengo a ti con un sentimiento de vergüenza y dolor emocional. Yo te confieso mis transgresiones (continúe revelando el pasado hasta que lo diga todo). Tú eres fiel y justo para perdonarme y limpiarme de toda injusticia y temores, eres mi lugar de refugio y me libras de la angustia. Me rodeas con canciones y clamor de libertad. Yo he escogido la vida y de acuerdo a tu Palabra me viste desde que estaba siendo formada en el vientre de mi madre, en la autoridad de tu Palabra fui maravillosamente creada. Ahora soy creación tuya, creada de nuevo en Cristo Jesús.

58

Padre, tú me has liberado del Espíritu de temor y no seré avergonzada; tampoco debo estar confundida y deprimida. Tú me diste belleza en lugar de ceniza, gozo en lugar de lamento y el manto de alabanza en lugar de espíritu gravoso, para que yo pueda ser un árbol de justicia, el árbol del Señor, para que tú puedas ser glorificado. Yo hablo en salmos, himnos y cánticos espirituales, ofreciendo alabanza con mi voz; y creando melodías con todo mi corazón al Señor. Así como hizo David en 1 Samuel 30:6, yo me animo en el Señor.

Creo en Dios, que levantó a Jesús de entre los muertos, que fue traicionado y entregado a la muerte por mis malas obras, y fue levantado para asegurar mi absolución, librándome de toda culpa delante de Dios. Padre, tú ungiste a Jesús y lo enviaste a vendar y sanar mi roto corazón, y a liberarme de la vergüenza de mi juventud; y las imperfecciones de mis antepasados. En el nombre de Jesús, deseo perdonar a todos aquellos que me han hecho mal, en cualquier forma. Tú no me dejarás sin apoyo, mientras completo el proceso de perdonar. Yo me reconforto, animo y confío para decir: "El Señor es mi ayudador; no seré perturbada. ¿Qué me puede hacer el hombre?"

Mi espíritu es la lámpara del Señor, que escudriña lo más profundo de mi ser; el Espíritu Santo me guía a la verdad. Cuando la realidad me muestra la vergüenza y el dolor emocional, recuerdo que los sufrimientos de esta vida presente no son dignos de ser comparados con la gloria venidera que será revelada a mí, en mí, para mí y concedida a mí. El castigo necesario para obtener mi paz y bienestar fue puesto sobre Jesús; y por sus heridas fui sanada. Como tu hija, Padre, tengo una esperanza gozosa y confiable de salvación eterna. Esta esperanza nunca me causará desencanto, engaño o vergüenza, porque el amor de Dios ha sido derramado en mi corazón, a través del Espíritu Santo que me ha sido dado.

En su nombre oro. Amén.

59

Citas bíblicas de referencia

~ Quince ~

Victoria sobre
el orgullo

Padre, tu Palabra dice que odias la mirada altiva, que resistes al orgulloso, pero le das gracia al humilde. Por lo tanto, me someto a ti, Señor. En el nombre de Jesús, resisto al diablo y él huirá de mí. Declaro como pecado toda manifestación de orgullo en mi vida; me arrepiento y me aparto de él.

Como un acto de fe, me visto de humildad y recibo tu gracia; me humillo bajo tu mano poderosa. Señor, para que tú me exaltes cuando fuere tiempo. Yo renuncio a exaltarme a mí misma. No tengo un concepto más alto de mí que el que debo tener; no tengo una opinión exagerada de mi propia importancia, sino que juzgo mi habilidad con cordura, conforme a la medida de fe que se me ha dado.

Proverbios 11:2 dice: ***Cuando viene la soberbia, viene también la deshonra; mas con los humildes está la sabiduría.*** Padre, me dispongo a resistir el orgullo cuando viene, mi deseo es ser contada entre los humildes, por lo tanto, tomo actitud de sierva.

Padre, gracias porque tú habitas con el quebrantado y el humilde de espíritu; haces vivir el espíritu del humilde y vivificas el corazón entristecido.

61

Gracias que las recompensas de la humildad, de la reverencia y del temor del Señor son riquezas, honra y vida. En el nombre de Jesús oro. Amén.

Citas bíblicas de referencia

Proverbios 6:16	*Proverbios 11:2*
Santiago 4:6-7	*Mateo 23:11*
Proverbios 21:4	*Isaías 57:15*
1 Pedro 5:5-6	*Proverbios 22:4*
Romanos 12:3	

~ Dieciséis ~

Para tener victoria sobre la glotonería

Padre, está escrito en tu Palabra que si confieso con mis labios que Jesús es el Señor, y creo en mi corazón que tú lo levantaste de entre los muertos, seré salva. Padre soy tu hija y confieso que Jesucristo es Señor de mi espíritu, mente y cuerpo, lo declaro Señor de cada situación en mi vida. Por lo tanto, todo lo puedo en Cristo que me fortalece.

Padre, *he tomado la firme decisión de entregarte todo lo que concierne a mi apetito.* Prefiero a Jesús por encima de la indulgencia de mi carne. Le ordeno a mi cuerpo que se ajuste por completo a tu Palabra. Comeré solo lo necesario para mí, me alimento y estoy satisfecha.

Cuando me siente a comer, consideraré cuidadosamente los alimentos que tengo delante de mí y no cederé al deseo de comer golosinas o alimentos que no nutren.

Como un boxeador, me enfrento a mi cuerpo –lo trato con severidad, lo disciplino con dureza– y lo someto. Mi cuerpo está sujeto a mi hombre espiritual –mi hombre interior– mi verdadero yo. Sé que todas las cosas no son saludables y buenas para mí, aunque sean permisibles. No me convertiré en

63

esclava, ni me dejaré dominar bajo el poder de ninguna cosa.

Mi cuerpo es para el Señor. Lo consagro y presento mis miembros y facultades como un sacrificio vivo, santo y agradable a ti. Presentándolos como instrumentos de justicia. Yo estoy unida a ti, Señor, y me hago una en espíritu contigo. Mi cuerpo es el templo, el santuario mismo, del Espíritu Santo, que vive dentro de mí, y que recibí de ti como un don, Padre.

No soy dueña de mí; fui comprada por un precio, hecha propiedad tuya. Por lo tanto, te honro y glorifico en mi cuerpo. Me ejercito y disciplino, y someto bajo autoridad mis decisiones carnales, apetitos corporales y deseos mundanos. Me esfuerzo en respetar todo, para tener una conciencia limpia, libre de ofensas hacia ti y hacia los hombres. Me mantengo alejada de los ídolos, los falsos dioses (cualquier cosa que pudiera ocupar tu lugar en mi corazón y que quiera sustituirte y tomar el primer lugar en mi vida).

No pasaré el resto de mi vida terrenal viviendo de acuerdo a los apetitos y deseos humanos, sino viviré para hacer tu voluntad. Rehúso estar deprimida, agobiada por el vértigo, dolores de cabeza y náuseas causadas por la falta de moderación, embriaguez (con alimentos), preocupaciones mundanas y angustias. Rehúso todo esto porque he recibido un espíritu de poder, amor y mente bien equilibrada, disciplina y dominio propio.

Padre, *hago* resistencia a las tentaciones en el nombre de Jesús. Me despojo y echo fuera —ese peso innecesario y la glotonería, que con tanta facilidad (destreza u astucia) trata de aferrarse a mí. Corro con paciencia y persistencia, con firme y activa perseverancia, el curso que me ha sido señalado. Fijo los ojos (apartándolos de todo lo que me pueda distraer) en el autor y consumador de mi fe.

Cristo, el Mesías, *será* honrado, glorificado y exaltado en mi cuerpo; será poderosamente exaltado en mi persona. Gracias, Padre, en el nombre de Jesús. ¡Aleluya! Amén.

Citas bíblicas de referencia

Romanos 10:9-10	Romanos 6:13
Filipenses 4:13	1 Corintios 9:27
Deuteronomio 30:19	1 Corintios 6:19-20
Romanos 13:14	Romanos 12:1
Proverbios 25:16	Lucas 21:34
2 Timoteo 1:7	1 Corintios 6:12,13,17
Proverbios 23:1-3	Santiago 4:7
Hebreos 12:1-2	Filipenses 1:20

~ Diecisiete ~
Para tener victoria
sobre el temor

Padre, en el nombre de Jesús, creo y declaro que ninguna arma forjada contra mí prosperará, y que condenaré toda lengua que se levante en juicio contra mí. Declaro que habito al abrigo del Altísimo y permanezco firme bajo la sombra del Omnipotente, cuyo poder el enemigo no puede resistir –él me coloca en un lugar secreto fuera de toda lengua que contiende contra mí.

Declaro que la sabiduría de la Palabra de Dios habita en mí, por lo tanto, no tengo temor ni aprensión de mal alguno. En todos mis caminos le doy honor a Dios y su Palabra; él puede dirigir, enderezar y allanar mis veredas. Conforme presto atención a su Palabra, ella se convierte en medicina para mis nervios, mis tendones, mis huesos y médula.

He recibido gran poder en mi ser interior por el Espíritu Santo que mora en mí. Dios es mi fortaleza y refugio, confío totalmente en él y en su Palabra. He sido investida de poder a través de mi unión con Dios Todopoderoso. (Esta unión me da fuerza sobrehumana y sobrenatural para caminar en salud divina y vivir en abundancia.) Dios mismo ha dicho: *Yo nunca te desampararé, ni te dejaré, mi*

66

hijo. Nunca, nunca, nunca dejaré de ayudarte o apoyarte... ¡Te aseguro que no lo haré! (basado en *Hebreos 13:5*).

Con sus palabras me consuelo y animo. Con seguridad y valor declaro: "El Señor es mi ayudador, no me rodeará la inquietud, no sentiré temor ni pavor, porque, ¿qué puede hacerme el hombre?

Creo y declaro que mis hijos son discípulos del Señor, y serán obedientes a Dios. Grandiosa es la paz e imperturbable la serenidad de mis hijos, porque Dios mismo contiende con mis hijos de igual manera que conmigo. Él les da seguridad y descanso. Dios hará perfecto todo cuanto me concierne.

Cuando hablo la Palabra de Dios, es viva y eficaz y más cortante que toda espada de dos filos, y penetra hasta partir el alma y el espíritu, las coyunturas y los tuétanos. Es medicina para mi cuerpo y prosperidad para mi vida. Es la maravillosa Palabra del Dios Todopoderoso, y de acuerdo a ella, todo lo que he declarado, sea hecho. ¡Aleluya! Amén.

Citas bíblicas de referencia

Isaías 54:17   *Efesios 6:10*

Salmo 91:1   *Hebreos 13:5-6*

Salmo 31:20   *Isaías 54:13*

Proverbios 3:6-8 *Isaías 49:25*

Efesios 3:16   *Salmo 138:8*

Salmo 91:2   *Hebreos 4:12*

~ Dieciocho ~

Para vencer el desánimo

Introducción

> *Moisés se volvió al Señor y dijo: "¿Oh Señor, por qué afliges a este pueblo? ¿Para qué me enviaste? ¿Por qué desde que yo vine a Faraón para hablarle en tu nombre, has afligido a este pueblo; y tú no has librado a tu pueblo?*

Éxodo 5:22-23

68

Aquí en este pasaje, nosotros encontramos a Moisés desanimado, quejándose ante Dios.

Qué importante es acercarnos a Dios con integridad y en una actitud humilde. Debido a nuestra inseguridad hacemos confesiones negativas, algunas veces pasamos de la línea de la honestidad a la desilusión y la negatividad.

Déjeme ser honesta. Dios conoce todo cuanto nosotras sentimos. Él puede entender nuestro enojo, quejas y desengaños; nos entiende y conoce nuestra fragilidad humana (Salmo 103:14) y puede compadecerse de nuestros sentimientos y debilidades (Hebreos 4:15).

Si su "problema" es un negocio fracasado, que ha sido abandonada, depresión, desorden mental, desajuste químico, opresión, problemas matrimoniales, un hijo que consume drogas o alcohol, desastres financieros o cualquier otra cosa, la siguiente oración es para usted.

Algunas veces cuando esté en medio del desaliento se le hará difícil recordar que usted tiene que recurrir siempre a la Escritura. La amonesto a leer esta oración en voz alta hasta que reconozca la realidad de la Palabra de Dios en su espíritu, alma y cuerpo. Recuerde, Dios está alerta para que se cumpla su Palabra (Jeremías 1:12). Él hace perfecto todo cuanto le concierne a usted (Salmo 138:8).

Oración

69

Señor, he agotado todas mis posibilidades para cambiar mi situación y mis circunstancias; y he encontrado que me falta poder para cambiar. Creo que tú me ayudas a vencer mi incredulidad y que todas las cosas que no son posibles para el hombre, son posibles para ti. Me humillo ante ti, y tú podrás quitarme este peso.

Yo tengo un Sumo Sacerdote que traspasó los cielos, Jesús, tu Hijo. Estoy asida fuertemente a la fe que profeso. Él es capaz de compadecerse de mis debilidades. Él fue tentado en todas las formas, igual que yo lo soy, sin embargo, él fue sin pecado; me acerco confiadamente a tu trono de gracia, para así poder recibir misericordia y encontrar gracia que me ayude en mis tiempos de necesidad.

En momentos de desaliento, desilusión y rabia, creo que tu palabra a Moisés es palabra para mí. Tú eres poderoso para enviar. Porque tu poderosa mano podrá conducir las fuerzas que se levanten contra mí; tú eres el Señor, Yahvéh, el Cumplimiento de la Promesa, el único Todopoderoso. Te apareciste a Abraham, Isaac y Jacob y estableciste tu pacto con ellos.

Padre, creo que has escuchado mi gemido y mi llanto. Yo viviré para ver tus promesas de liberación cumplidas en mi vida. Tú no has olvidado ni una palabra de tu promesa; tú eres el Cumplimiento del Pacto.

70

Tú me sacarás de debajo del yugo de esclavitud y me librarás de ser una esclava para_____. Me redimiste con tu brazo extendido y con poderosos actos de justicia. Me has tomado como algo propio, tú eres mi Dios; eres un Padre para mí. Me liberaste del pasado que me ha tenido en esclavitud y me trasladaste al Reino de amor, paz, felicidad y justicia. No me fijaré más en el dolor del pasado. Donde el pecado abunda, la gracia se hace mucho más abundante.

Padre, lo que tú has prometido, yo lo poseeré en el nombre de Jesús. Estoy decidida a considerar esta oportunidad, a asumir este riesgo; a volver a pelear la buena batalla de la fe. Es con paciencia, firmeza, y activa persistencia que corro esta carrera que tengo por delante. Reprendo el espíritu de temor, estoy establecida en la justicia. Opresiones y destrucción no vendrán cerca de mí. Ellos pueden juntos cobrar fuerzas y activar contienda contra mí, pero esto no es tuyo, Padre, cualquiera que active contienda contra mí, deberá caer y rendirse. Soy más que vencedora a través de él que me ama.

En su nombre oro. Amén.

Citas bíblicas de referencia

(Esta oración está basada en Éxodo 5:22, 6:11
e incluye otros versículos allí aplicables.)

Marcos 9:24	*Deuteronomio 26:8*
Lucas 18:27	*Colosenses 1:13*
1 Pedro 5:6	*Romanos 5:20*
Hebreos 4:14-16	*1 Timoteo 6:12*
Éxodo 6:3,4	*Hebreos 12:1*
Génesis 49:22-26	*Isaías 54:14-16*
1 Reyes 8:56	*Romanos 8:37*

71

~ *Diecinueve* ~

Para vencer la intimidación

Padre, vengo a ti, en el nombre de Jesús, y confieso que la intimidación me ha causado tropezar. Te pido perdón por haber pensado que soy inferior, pues he sido creada a tu imagen, yo soy hechura tuya. Jesús dijo que el reino de Dios está dentro de mí. Por lo tanto, el poder que levantó a Jesús de los muertos habita en mí, y hace que yo pueda enfrentar la vida con esperanza y energía divina.

El Señor es mi luz y mi salvación; ¿a quién temeré? El Señor es la fortaleza de mi vida; ¿a qué debo tener miedo? Señor, tú dijiste que nunca me dejarás ni me abandonarás. Por eso, puedo decir sin ninguna duda o temor, que tú eres mi ayudador. Yo no tengo miedo de cualquier cosa que el hombre me pueda hacer. Mayor es el que está en mí, que el que está en el mundo. Si Dios es por mí, ¿quién puede estar contra mí? Yo soy libre del temor del hombre y de la opinión pública.

Padre, tú no me has dado espíritu de timidez, de cobardía, de temor servil, sino que me has dado Espíritu de poder, de amor y calma, de mente bien equilibrada, disciplina y dominio propio. Yo puedo hacer todas las cosas a través de Cristo que me da la fuerza. Amén.

Citas bíblicas de referencia

1 Juan 1:9   Efesios 2:10

Lucas 17:21   Efesios 1:19-20

Colosenses 1:29   Salmo 1:27

Hebreos 13:5   1 Juan 4:4

Romanos 3:31   Proverbios 29:25

2 Timoteo 1:7   Filipenses 4:13

~ Veinte ~

Para vencer sentimientos de desesperanza

Padre, como tu hija, vengo delante del trono de gracia para recibir misericordia y gracia, y obtener ayuda en este tiempo de necesidad.

Padre, yo sé que tus oídos están abiertos a mis oraciones. Te ruego escuches mi oración. ¡Oh Dios, y no te ocultes de mis súplicas!

Te invoco a ti, mi Dios, y tú me rescatas; redimes mi vida en paz de la batalla de desesperanza que está contra mí. Deposito mi carga en ti Señor (libere este peso), y tú me sustentas; nunca permitirás que tu (constante) justicia sea movida (resbale, caiga o falle).

Cuando esté temerosa, confiaré y pondré mi fe y esperanza en ti (tu ayuda), Dios, yo alabo tu Palabra; en ti me apoyo, confío y firmemente afianzo mi confianza; y no temeré.

Tú conoces todas mis noches de desvelo. Cada lágrima y dolor de mi corazón tiene respuesta en tus promesas, te doy gracias con todo mi corazón. Tú me levantaste del borde de la muerte y cuidaste mis pies de resbalar en el precipicio.

(Qué sería mí), Señor, si no hubiera creído que veré tu grandeza en la tierra de los vivientes. Confío y espero en ti; soy valiente y de coraje y permito que mi corazón sea fuerte y resistente. Sí, confío y espero en ti.

Padre, te entrego todas mis preocupaciones e inquietudes, porque tú siempre piensas en mí y miras todo cuanto me concierne. Cuido de estar bien equilibrada, atenta, vigilante y miro los ataques de Satanás, mi gran enemigo. Por tu gracia estoy parada firme, creo en ti, y recuerdo que otros cristianos alrededor del mundo están pasando también por este sufrimiento. Dios, tú estás lleno de bondad y me darás gloria eterna.

En el nombre de Jesús soy victoriosa por la sangre del Cordero y por la palabra de mi testimonio. Amén.

<u>75</u>

Citas bíblicas de referencia

Hebreos 4:16   *Salmo 56:5-8*

Salmo 55:1   *Salmo 56:13*

Salmo 55:1   *Salmo 27:13-14*

Salmo 55:5   *1 Pedro 5:7-9*

Salmo 55:16,18,22   *Apocalipsis 12:11*

Salmo 56:2-4

~ *Veintiuno* ~

Para dejar ir la amargura

Introducción

En entrevistas que he realizado a hombres y mujeres divorciados, he encontrado motivación para escribir esta oración de victoria sobre la amargura. Con frecuencia, la injusticia de la situación en la cual estas personas se encuentran, crea un profundo sufrimiento, heridas en el espíritu, y un enojo tan a la superficie que las personas involucradas se arriesgan a hundirse dentro de la trampa de la amargura y la venganza. Están ensimismados en sus pensamientos, mientras consideran la injusticia de la situación y persisten en lo mal que han sido tratados.

En un divorcio, la amargura a veces distorsiona las ideas sobre lo que es mejor para el niño o los niños involucrados. Uno de los padres (algunas veces los dos) usará al niño o los niños contra el otro.

El enojo sin resolver, con frecuencia mueve a uno de los cónyuges a herir al otro, pues lo considera responsable de la herida y de los sentimientos de traición que experimenta.

76

Hay sanidad disponible y vía de escape para todo aquel que se vuelve al Sanador, obedeciéndole y creyendo en él.

Oración

Padre, la vida parece tan injusta y desleal. El dolor del rechazo es mayor que lo que yo puedo resistir. Mi relación ha terminado en contienda, rabia, rechazo y separación.

Señor, ayúdame a dejar toda amargura, indignación, ira (pasión, furia, mal carácter) y resentimiento (rabia, animosidad).

Tú eres el que une y restaura el corazón roto. Yo recibo la unción que destruye todo yugo de esclavitud; por fe recibo sanidad emocional y te agradezco que me das la gracia para sostenerme firme hasta que el proceso haya terminado.

Gracias por los consejeros sabios; el Espíritu Santo es mi consejero. Gracias por ayudarme a trabajar en mi salvación con temor y temblor; eres tú, Padre, quien trabaja en mí para ordenar y actuar de acuerdo a tu buen propósito.

En el nombre de Jesús, decido perdonar a quienes me han hecho mal. Me comprometo a vivir una vida de perdón; así como tú me has perdonado. Con la ayuda del Espíritu Santo me limpio de toda amargura, furia, enojo, riñas, calumnias, difamación; junto a toda forma de malicia. Deseo ser bondadosa y compasiva con otros, perdonándolos, como en Cristo, tú me perdonaste a mí.

Con la ayuda del Espíritu Santo, me esfuerzo para vivir en paz con toda persona y para sentirme sana, pues yo sé, que sin santidad nadie te verá Señor. Me propongo no fallar en tu gracia; y que ninguna raíz de amargura crezca dentro de mí para causar problemas y mancharme.

Oraré y cuidaré de no ser tentada, o que otros se derrumben por mi causa.

Gracias, Padre, por cuidar de que tu Palabra se cumpla, y aquel a quien el Hijo ha hecho libre, es libre en ti. Declaro que he sobrepasado el resentimiento y la amargura por la sangre del Cordero y por la palabra de mi testimonio.

En el nombre de Jesús, amén.

78

Citas bíblicas de referencia

Efesios 4:31	Efesios 4:31-32
Lucas 4:18	Hebreos 12:14-15
Isaías 10:27	Mateo 26:41
Proverbios 11:14	Romanos 14:21
Juan 15:26	Jeremías 1:12
Filipenses 2:12-13	Juan 8:36
Mateo 5:44	Apocalipsis 12:11

~*Veintidós*~
Salud y sanidad

$\mathcal{P}$adre, en el nombre de Jesús declaro tu Palabra respecto a la sanidad. Al hacerlo, creo y declaro que tu Palabra no retornará vacía y se cumplirá en todo lo que dice. Por lo tanto, creo en el nombre de Jesús que soy sana, de acuerdo a 1 Pedro 2:24. Está escrito en tu Palabra, que Jesús mismo tomó nuestras enfermedades y llevó nuestras dolencias. Por lo tanto, con gran audacia y confianza, yo digo en la autoridad de tu Palabra escrita que soy redimida de la maldición de toda dolencia y rehúso tolerar sus síntomas.

Satanás, te hago saber en el nombre de Jesús, que tus principados, potestades y espíritus que rigen las tinieblas de este siglo, y tu huestes espirituales de maldad en las regiones celestiales, están atados y en ninguna manera pueden obrar contra mí. Soy propiedad del Omnipotente Dios, y no te doy lugar en mí. Yo habito al abrigo del Altísimo, y permanezco estable y edificada bajo la sombra del Omnipotente, cuyo poder no puede resistir el enemigo.

Ahora, Padre, te reverencio y alabo, y tengo la certeza en tu Palabra de que el ángel del Señor acampa alrededor de mí y me libra de cualquier obra diabólica. No vendrá maldad a mí, ni ninguna plaga o calamidad tocará mi morada. Confieso que la Palabra de Dios habita en mí y me da perfecta integridad de mente y toca las partes más profundas de mi cuerpo, de mi espíritu, y hasta las coyunturas y la médula de mis huesos. La Palabra es medicina y vida para mi carne; por la ley del Espíritu de vida que opera en mí y me hace libre de la ley del pecado y de la muerte. Tengo puesta la armadura de Dios, y el espíritu de fe me protege de todos los dardos de fuego del maligno. Jesús es el Sumo Sacerdote de mi confesión y me sostengo firme en la declaración de fe de tu Palabra. Me sostengo inamovible y firme en la seguridad de que tengo salud y sanidad ahora mismo en el nombre de Jesús.

Una vez que haya hecho esta oración, agradezca al Padre que Satanás está atado y continúe confesando esta sanidad y agradezca a Dios por esto.

80

Citas bíblicas de referencia

Isaías 55:11	*Salmo 91:10*
Pedro 2:24	*Salmo 34:7*
Mateo 8:17	*2 Timoteo 1:7*
Gálatas 3:13	*Hebreos 4:12-14*
Santiago 4:7	*Proverbios 4:22*
Efesios 6:12	*Romanos 8:2*
2 Corintios 10:4	*Efesios 6:11-16*
Salmo 91:1	*Salmo 112:7*

~Veintitrés ~

Seguridad

Padre, en el nombre de Jesús, te doy gracias porque vigilas el cumplimiento de tu Palabra, y porque habito al abrigo del Altísimo y permanezco estable y firme bajo la sombra del Omnipotente, cuyo poder ningún enemigo puede resistir.

Padre, tú eres mi refugio y mi fortaleza. *Ningún accidente me sucederá, ni habrá plaga o calamidad que se acerque a mi hogar.* Tú mandas a tus ángeles que me cuiden de manera especial. Ellos me acompañan, defienden y protegen porque voy por caminos de obediencia y servicio. Ellos acampan a mi alrededor.

81

Padre, tú eres mi confianza, firme y segura. Como dice tu Palabra, tú guardas mis pies de caer en alguna trampa o peligro oculto. Padre, tú me das alivio y seguridad –*¡Jesús es mi seguridad!*

Cuando viajo, en el camino digo: "Permíteme llegar al otro lado" y contestas mi oración. Ando segura y confiada por mi camino, porque mi mente y mi corazón están firmemente establecidos en ti y me guardas en perfecta paz.

Cuando me acuesto a dormir, Padre, canto con regocijo en mi cama. Tú me cuidas. En paz me acuesto y duermo, porque solo tú, Señor, me haces vivir con seguridad. No tengo miedo. Mi sueño es dulce porque tú me bendices. Gracias, Padre, en el nombre de Jesús. Amén.

Continúe alimentándose y meditando en todo el Salmo 91, por usted y por todos aquellos que ama.

Citas bíblicas de referencia

Jeremías 1:12   *Proverbios 3:23*

Salmo 91:1-2   *Salmo 112:7*

Salmo 91:10   *Isaías 26:3*

Salmo 91:11   *Salmo 149:5*

Salmo 34:7   *Salmo 3:5*

Proverbios 3:26   *Salmo 4:8*

Isaías 49:25   *Proverbios 3:24*

Marcos 4:35   *Salmo 127:2*

~ Veinticuatro ~

Sueño apacible

En el nombre de Jesús, yo te ato a ti, Satanás, y a todos tus agentes y los saco de mis sueños. Te prohíbo interferir de cualquier manera en mi sueño.

Llevo cautivo cada pensamiento, imaginación, y todo sueño sujetos a la obediencia de Jesucristo. Padre, te doy gracias que aun en mi sueño, mi corazón me aconseja y revela tu propósito y tu plan. Gracias por un sueño apacible, pues tú has prometido sueño grato a tu amada. Por lo tanto, mi corazón está contento y mi espíritu se regocija. Mi cuerpo y mi alma descansan y con confianza habitan seguros. Amén.

83

Citas bíblicas de referencia

Mateo 16:19   Salmo 16:7-9

Mateo 18:18   Salmo 127:2

2 Corintios 10:5   Proverbios 3:24

~ *Veinticinco* ~

Por prosperidad

Padre, en el nombre de tu Hijo Jesús, declaro que tu Palabra se hará realidad sobre mis finanzas este día. Lo declaro con mis labios y lo creo en mi corazón; sé que tu Palabra no retornará vacía sino que cumplirá aquello para lo que fue enviada.

Por lo tanto, creo en el nombre de Jesús que todas mis necesidades son suplidas, de acuerdo a lo escrito en Filipenses 4:19. Por esta razón creo que debo dar diezmos y ofrendas para respaldar tu obra. Padre, tú me darás medida buena, apretada, remecida y rebosando en mi regazo. Porque con la medida con que yo mido, seré medida.

Padre, tú me has trasladado de la autoridad de las tinieblas al Reino de tu amado Hijo. Padre, debo tomar mi lugar como hija tuya; te agradezco que has asumido tu lugar como mi Padre y has hecho tu morada en mí. Sé que ahora mismo estás cuidando de mí y capacitándome para caminar en amor y sabiduría e íntimamente con tu Hijo.

Satanás, te aparto de mis finanzas, según Mateo 18:18, y desato tus planes contra mí, en el nombre de Jesús.

Padre, gracias que tus espíritus ministradores están libres para ministrarme y darme lo que necesito.

Señor, confieso que tú eres mi pronto auxilio en las tribulaciones y que eres más que suficiente. Confieso, Dios, que tú puedes hacer que toda gracia, favor y bendición terrenal lleguen a mí en abundancia. De esta manera, no importa la circunstancia o necesidad, siempre tendré lo necesario y podré dar abundantemente a toda buena obra de amor. Amén

Citas bíblicas de referencia

Isaías 55:11	*2 Corintios 6:16-18*
Filipenses 4:19	*Mateo 18:18*
Lucas 6:38	*Hebreos 1:14*
Marcos 10:29-30	*2 Corintios 9:8*
Colosenses 1:13	*Salmo 46:1*

~ *Veintiséis* ~
Para recibir la plenitud del Espíritu Santo

*P*adre celestial, soy tu hija y creo en mi corazón que Jesús fue levantado de la muerte y he confesado que él es mi Señor.

Jesús dice: "Nuestro Padre celestial, dará el Espíritu Santo a quienes se lo pidan". Te pido ahora, en el nombre de Jesús que me llenes con el Espíritu Santo. Recibo ahora la plenitud y el poder que anhelo, en el nombre de Jesús. Confieso que soy una cristiana llena del Espíritu. Al ceder mis cuerdas vocales, espero hablar en lenguas, porque el Espíritu Santo me da las palabras, en el nombre de Jesús. Alabado sea el Señor! Amén.

86

Citas bíblicas de referencia

Juan 14:16-17	*Hechos 10:44-46*
Lucas 11:13	*Hechos 19:2,5,6*
Hechos 1:8a	*1 Corintios 14:2-15*
Hechos 2:4	*1 Corintios 14:18,27*
Hechos 2:32,33,39	*Efesios 6:18*
Hechos 8:12-17	*Judas 1:20*

~ *Veintisiete* ~

Cuando se desea
tener un bebé

Padre nuestro, mi esposo y yo inclinamos nuestras rodillas ante ti. Padre de nuestro Señor Jesucristo, de quien toma nombre toda familia en el cielo y en la tierra; oramos para que nos des conforme a tu riqueza en gloria, el ser fortalecidos con poder en nuestro interior por tu Espíritu. Cristo habita por fe en nuestros corazones, a fin de que, arraigados y cimentados en amor, seamos plenamente capaces de comprender con todos los santos, cuál es la anchura, longitud, profundidad y altura del amor de Cristo, que sobrepasa todo entendimiento, para que seamos llenos de toda la plenitud de Dios.

Aleluya, nosotros te alabamos, Señor, porque le das hijos a la esposa estéril, para que sea una madre feliz. Te damos gracias porque tú eres el que está formando nuestra familia. Como hijos tuyos y herederos a través de Jesucristo, nosotros recibimos tu regalo —el fruto del vientre, tu hijo como nuestra herencia.

Padre nuestro, te alabamos en el nombre de Jesús, pues sabemos que cualquiera cosa que pi-

87

damos la recibiremos de ti; porque guardamos tus mandamientos y hacemos todas aquellas cosas que son agradables delante de ti.

Gracias, Padre, porque somos una vid fructífera dentro de nuestro hogar; nuestros hijos serán como plantas de olivo alrededor de nuestra mesa. De este modo seremos bendecidos porque tememos al Señor.

En el nombre de Jesús, nosotros oramos, amén

Citas bíblicas de referencia

Efesios 3:14:19   *1 Juan 3:22-23*

Salmo 113:9   *Salmo 128:3-4*

Salmo 127:3

~ *Veintiocho* ~

El orden santo en el embarazo y el parto

Padre, en el nombre de Jesús, este día confieso tu Palabra sobre mi embarazo y el nacimiento de mi hijo. Te pido que pronto cumplas tu Palabra, confiando en que no saldrá de ti para regresar vacía, sino que se cumplirá en aquello que te agrada. Tu Palabra es viva y poderosa y discierne las intenciones de mi corazón y mis pensamientos.

En este momento me coloco la armadura de Dios para poder estar firme contra las asechanzas y los trucos del diablo. Reconozco que mi lucha no es contra carne y sangre, sino contra principado y potestades, contra los gobernadores de las tinieblas y las huestes espirituales de maldad en las regiones celestiales. Padre, me paro sobre todo, tomo el escudo de la fe, pudiendo suprimir los ataques del diablo con tu gran poder. Yo resisto en fe durante este embarazo y nacimiento, sin dar lugar alguno al temor, pero llena de poder, amor y dominio propio como lo promete tu Palabra en 2 Timoteo 1:7.

Padre celestial, confieso que tú eres mi refugio; confío en ti durante este embarazo y parto. Te agradezco que hayas puesto ángeles que cuidan de mí y de mi hijo que aún no ha nacido. Echo toda mi ansiedad y carga y el cuidado de este embarazo sobre ti Señor. Tu gracia es suficiente para mí en este embarazo, tú fortaleces mis debilidades.

Padre, tu Palabra declara que mi hijo por nacer fue creado a tu imagen, hecho de manera formidable y maravillosa para alabarte. Me conviertes en una madre llena de gozo, y soy bendecida con una herencia tuya como recompensa. Dedico esta criatura a ti, Padre, y oro que crezca y me llame bendita.

No temo al embarazo ni al parto, porque estoy firme y confiada en ti, Padre, creo que mi embarazo y mi parto estarán libres de todo problema. Gracias, Padre, que toda decisión sobre mi embarazo y la llegada del bebé serán dirigidas por ti; con la intervención del Espíritu Santo. Señor, tú eres mi morada, y descanso en la certeza de que el maligno no se acercará a mí, y ninguna enfermedad o dolencia me tocará a mí o a mi hijo. Yo sé que Jesús murió en la cruz para llevar mi enfermedad y dolor. He aceptado a Jesús como mi Salvador y confieso que mi hijo nacerá sano y completo. Gracias Padre, porque la ley del Espíritu de vida en Cristo Jesús ha hecho que mi hijo y yo seamos libres de la ley del pecado y de la muerte.

Gracias por protegernos, por nuestra buena salud y por escuchar y responder mis oraciones. Amén.

Citas bíblicas de referencia

Jeremías 1:12

Isaías 55:11

Hebreos 4:12

Efesios 6:11,12,16

Salmo 91:2,11

1 Pedro 5:7

2 Corintios 12:9

Génesis 1:26

Salmo 139:14

Salmo 113:9

Salmo 127:3

Proverbios 31:28

Salmo 112:7

Salmo 91:1,10

Mateo 8:17

Romanos 8:2

Santiago 4:7

Efesios 6:12

Juan 4:13

Mateo 18:18

Jeremías 33:3

91

~ *Veintinueve* ~

La adopción de un niño

$\mathscr{P}$adre, en el nombre de Jesús, nos acercamos confiadamente a tu trono de gracia, en el cual podemos recibir misericordia y el oportuno socorro. Nosotros confiamos en ti y deseamos hacer el bien; así podemos habitar en la tierra y mantenernos fieles.

Nos deleitamos en ti, y tú nos concedes los deseos y las peticiones de nuestro corazón. Creemos que nuestro deseo de adoptar un niño viene de ti y asumimos la responsabilidad de criar este niño en los caminos del Maestro.

Padre, encomendamos nuestro camino a ti (llevar y depositar el cuidado de cada carga en ti). Nuestra confianza está en ti, y tú guiarás cada paso de esta adopción, de acuerdo a tu propósito y plan.

Señor, tu Hijo Jesús demostró su amor por los niños cuando dijo: "*Dejad a los niños venir a mí, y no se lo impidáis porque de los tales es el reino de los cielos*" (Mateo 19:14). Entonces, él les impuso las manos y los bendijo.

Úsanos como instrumentos de paz y justicia, para bendecir este niño. El propósito de nuestros corazones es enseñarlo en el camino que debe ir.

Señor, abrazamos este niño (tu mejor regalo) con tu amor, como algo propio, como Jesús dijo: *"El que reciba en mi nombre a un niño como este, me recibe a mí; y el que a mí me recibe, no me recibe a mí sino al que me envío"* (Marcos 9:37).

Padre, toma este niño en alto, y sé padre y madre, para él, así como nosotros extendemos nuestras manos y nuestros corazones para abrazarlo. Gracias, por la sangre de Jesús que da protección a este niño a quien nosotros amamos.

Te agradecemos por el hombre y la mujer que concibieron este niño, y oramos que tú los bendigas y que tu rostro brille sobre ellos; y sean llenos de misericordia. Si no te conocen Jesús, te pedimos a ti, el Señor de la cosecha, que envíes obreros delante de ellos a compartir estas verdades, para que puedan librarse de las garras del enemigo.

Misericordia y verdad han sido escritas sobre nuestro corazón, y por tu causa hemos encontrado buen entendimiento y favor contigo y con el hombre, los funcionarios de la agencia de adopción, los jueces y todas aquellas personas que estén involucradas en el proceso de hacer decisiones. Que cada persona sea cuidadosa para no despreciar a ninguno de estos pequeños bajo su jurisdicción ... porque ellos tienen ángeles en los cielos que miran continuamente sus rostros.

Creemos que todas nuestras palabras son justas (honradas y rectas contigo, Padre). Que nuestra gran paciencia y tranquilidad espiritual, persuada a aquellos en autoridad; y nuestras suaves palabras desmoronen la más osada resistencia.

Señor, nosotros te miramos como nuestro gran Consolador y poderoso Abogado. Te pedimos sabiduría para nosotros y nuestros abogados.

Padre, contiende con aquellos que contienden con nosotros; y otórganos seguridad para nuestro niño; que cada día sea fácil para él. Estamos llamándote en el nombre de Jesús, y sabemos que tú nos responderás y mostrarás grandes y poderosas cosas. No habrá arma forjada que prospere contra nosotros en esta adopción, y cualquier lengua que se levante en juicio contra nosotros se probará que está equivocada. Esta (paz, justicia, seguridad y triunfo sobre la oposición) es nuestra herencia como hijos tuyos.

Padre, nosotros creemos, por lo tanto, hemos hablamos. Hacemos esto de acuerdo a tu Palabra.

En el nombre de Jesús. Amén.

Citas bíblicas de referencia

Hebreos 4:16

Salmo 37:3

Salmo 37:4

Efesios 6:4

Salmo 37:5

Proverbios 22:6

Salmo 67:1

Mateo 9:38

2 Timoteo 2:26

Proverbios 3:3-4

Mateo 18:10

Proverbios 8:8

Proverbios 25:15

Santiago 1:5

Isaías 49:25

Jeremías 33:3

Isaías 54:17

Salmo 116:10

Lucas 1:38

Parte II

Oraciones por relaciones personales

~ *Treinta* ~

Para desarrollar relaciones sanas

Padre, ayúdame a conocer nuevas amistades –amigos que me animen–. Que yo pueda encontrar en estas relaciones amistosas, el compañerismo y la comunión que tú ordenas para mí. Yo sé que eres mi fuente de amor, de compañerismo y comunión, tu amor y amistad están expresados totalmente en mis relaciones contigo y con los miembros del cuerpo de Cristo.

De acuerdo a Proverbios 27:17, hierro con hierro se aguza; así los amigos se aguzan para cuidar los unos de los otros. Tal y como nosotros aprendemos de cada uno, pudiendo encontrar un excelente propósito en nuestras relaciones. Ayúdame a mantenerme bien equilibrada en mis relaciones, para agradarte a ti siempre, y agradar a otras personas.

Yo pido por conexiones divinas –buenas relaciones–, como tú ordenas. Gracias por la sabiduría y el valor para alejarme de amistades que no son buenas para mí; pido y recibo por fe, discernimiento para desarrollar amistades saludables. Tu

Palabra dice que dos mejor que uno; porque si uno
falla o cae, habrá uno para levantar al otro.

Padre, tú conoces los corazones de la gente, así que
no puedo dejarme llevar por la apariencia externa. Las
malas amistades corrompen los buenos principios.
Gracias por los amigos de calidad que me ayudan a
edificar un carácter fuerte y que me inducen a acercarme más a ti Señor, a ser amiga para otros, y amar a
los amigos en todo tiempo. Quiero reír con aquellos
que ríen y regocijarme con los que se regocijan, así
como llorar con todos aquellos que lloran. Enséñame
todo cuanto necesito saber para ser una amiga de
calidad.

Desarrolla en mí una personalidad alegre y buen
sentido del humor; ayúdame a estar relajada con las
personas a mi alrededor para ser como tú me creaste.
Instruye mi corazón y moldea mi carácter para confiar
verdaderamente en los amigos o amigas que tú estás
enviando a ser parte de mi vida.

Padre, tu Hijo Jesús es mi mejor amigo. Él es un
amigo, tan cercano como un hermano. Él definió esta
característica cuando dijo en Juan 15:13: ***Nadie tiene
mayor amor que este, que uno ponga su vida por sus
amigos.***

Gracias Señor, que puedo encomendar mi necesidad de amigos a tu cuidado, me someto al liderazgo del
Espíritu Santo, en el nombre de Jesús. Amén.

Esta oración está compuesta de las Sagradas Escrituras y escritos tomados de "Meeting New Friends" *Conociendo nuevos amigos*, *Prayers That Avail Much for Teens!*, ¡Oraciones con poder para los adolescentes! (Tulsa: Harrison House 1991) pp. 50-52.

Citas bíblicas de referencia

Proverbios 13:20   1 Corintios 15:33

Efesios 5:30   Santiago 1:17

Filipenses 2:2-3   Proverbios 17:17

Proverbios 13:20   Romanos 12:15

Salmo 84:11   Proverbios 18:24

Eclesiastés 4:9-10   Salmo 37:4-5

~ *Treinta y Uno* ~

Para mantener buenas relaciones

Padre, en el nombre de Jesús, no me niego a hacer el bien a quien es debido (esto es honradez) cuando tengo poder para hacerlo. Yo daré a cada persona su paga. Pagaré impuestos a quienes se los esté debiendo. Rentas al que le debo; respeto, a quien le debo respeto y honor a quien le deba honor.

No dejaré extraviar mi corazón ni me cansaré de crecer en actos nobles, y ser noble y recta, porque a su debido tiempo segaré si no pierdo el valor y no desmayo.

Esta es una oportunidad que se abre para mí. Yo seré buena (moralidad) con todas aquellas personas (no solo siendo útil y de provecho para ellas, sino también porque es bueno espiritualmente y de provecho). Estaré atenta para bendecir en especial a aquellos de la familia de la fe (pertenecientes junto conmigo a la familia de Dios, los creyentes).

No tiene sentido contender con ningún hombre, cuando él no me ha hecho nada malo. Si es posible, en todo lo que dependa de mí, prometo vivir en paz con cada uno. Amén.

Citas bíblicas de referencia

Proverbios 3:27   Proverbios 3:30
Romanos 13:7   Romanos 12:18
Gálatas 6:9-10

~ Treinta y Dos ~

Para mejorar la capacidad de comunicación

Introducción

La falta de habilidad para comunicarnos es uno de los mayores obstáculos para una relación sana. La mayor parte del tiempo, cuando oramos, nosotros quisiéramos cambiar. No podemos cambiar a otros, pero sí podemos someternos al constante ministerio de transformación hecho por el Espíritu Santo. (Romanos 12:1-2.)

Las oraciones nos preparan para cambiar. El cambio produce cambio, lo cual puede ser incómodo. Si estamos pasando por momentos de aflicción, Dios obrará con nosotros, llevándonos fuera de nuestros propios mecanismos de defensa a un lugar de victoria. En este lugar él sana nuestro quebrantamiento, convirtiendo nuestra defensa en nuestra vindicación.

Nosotros estamos habilitados para someternos al Campeón de nuestra salvación, en lo cual nosotros nos ocupamos con temor y temblor (Filipenses 2:12).

Adultos que han crecido en medio de juicio y crítica familiar, donde no se les permitió expresarse, llevan mucho daño y enojo a sus relaciones. A menudo, no han podido expresar sus sentimientos sin antes haber sido condenados. A ellos no se les ha permitido explorar ideas diferentes a las de sus padres o de quienes cuidaron de ellos. Siempre hubo un ojo pendiente de cada uno de sus movimientos. Cualquier castigo recibido era justificado. Sus padres fueron incapaces de cometer errores.

Hijos adultos, de un ambiente de estricta religiosidad, fueron inducidos a creer que cualquier desliz, error, fallo o daño era un pecado que podía enviarlos derecho al infierno.

Personas que crecieron en un ambiente de hogares opresivos, donde nunca se les concedió encontrarse a sí mismos o en medio de su propia individualidad acercarse a la verdad. Sus padres, especialmente la figura paterna, era la representación física de Dios. La solución de conflictos nunca se les enseñó ni se practicó. Sea lo que sea, la cabeza de la familia dijo que era la ley, y su ley no se podía desobedecer o discutir, pero golpeaba al niño. La esposa era sumisa y no se le permitía preguntar acerca de los decretos del esposo.

Cuando estos adultos se casan, con frecuencia sienten que por fin han encontrado una plataforma desde la cual pueden expresarse, ellos han escapado de lugares de permanente temor, de constante condenación y crítica. Debido a que no tienen habilidad para comunicarse, con frecuencia tienen dificultad para expresarse de forma apropiada. Cuando alguna persona tiene una discusión con ellos, tienden a reaccionar tal y como fueron enseñados. Sólo que ahora, él o ella, como compañero matrimonial o amigo no está sujeto a palabras dogmáticas o manipuladoras, causando frustración a los demás.

El hijo adulto busca que lo entiendan, pero esto resulta en más frustración. Alimenta enojo y esta persona continúa en esclavitud con la idea de que nunca debió haber nacido. La persona se retrae a una esquina silenciosa, rehúsa conversar o usa palabras para construir paredes de defensa -encerrándose lejos de los demás. Él o ella se encierra en un aislamiento emocional, removiendo más heridas y críticas.

Esta es una vía de escape. Dios envía su Palabra para sanarnos y librarnos de toda destrucción (Salmo 107:20). Nosotros hemos determinado escuchar, aprender y cambiar con la ayuda del Espíritu Santo, nuestro Maestro, nuestro guía e intercesor. El Espíritu del Señor esta sobre mí, por cuanto me ha ungido para dar buenas nuevas a los pobres (Lucas 4:18). Su unción destruye todo yugo de esclavitud (Isaías 10:27), y deja libre a los cautivos.

Oración

Padre, yo soy tu hija, Jesús dijo que si te oro en secreto, tú me recompensarás ampliamente.

Padre, deseo con todo mi corazón caminar en amor, pero aún fallo en mi propio esfuerzo y en mi forma de relacionarme. Sé que sin fe es imposible agradar y satisfacer a Dios. Yo me acerco a ti, creyendo que existes y que eres galardonador de todos aquellos que seria y diligentemente te buscan.

"Muéstrame" cómo descubrirme [trayendo cada cosa a la luz] cuando todo es expuesto y reprobado por la luz, esto se hace visible y claro, y donde todo es visible y claro, allí está la luz.

Sana las ofensas y heridas pasadas, las cuales han controlado mi conducta y mis palabras. Enséñame a guardar mi corazón con toda diligencia, porque de él fluye cada decisión de mi vida, y a hablar la verdad en amor, en mi hogar, en mi iglesia, con mis amigos y con todos los que me relaciono. También ayúdame a entender que los demás tienen derecho a expresarse, y a darles la oportunidad de decir sus ideas y opiniones aunque piensen diferente de mí.

107

Las palabras son poderosas, el poder de la vida y la muerte está en la lengua, y tú dices que yo comeré del fruto de esto.

Padre, comprendo que las palabras pueden ser creativas o destructivas. Una palabra que sale de mi boca que parece no tiene importancia puede llevar a cabo casi cualquier cosa o destruirla; una palabra mal dicha o con descuido puede desatar un fuego forestal. Con mis palabras puedo destruir el mundo, volver armonía en caos, manchar la reputación de alguien, volver el mundo entero en humo y que la palabra se vaya en el humo, fuego directo del foso del infierno. ¡Esto es espantoso!

Padre, perdóname por hablar maldiciones y bendiciones. Yo reacciono así a causa de dolores pasados y enojos sin solucionar. A veces soy dogmática, jactándome de mi sabiduría; y otras sin querer he tergiversado la verdad para parecer sabia; algunas veces he tratado de verme mejor que otros u obtener lo mejor de otros; mis palabras han contribuido para que las cosas se derrumben. Mi humana irritación es mal dirigida y actúa creando injusticia.

Padre, perdóname por no poder cambiar por mí misma, pero estoy dispuesta a hacerlo y a caminar en la sabiduría que viene de arriba.

Señor, me someto a la sabiduría que viene de lo alto, que comienza con una vida santa y está caracterizada por llevarse bien con otros, es gentil y razonable, sobreabunda en misericordia y bendiciones, no es caliente un día y fría el otro, no con doble ánimo. Úsame como tu instrumento para desarrollar una sana y numerosa comunidad que viva junto a ti. Voy a disfrutar de esta decisión solo si cumplo con la difícil tarea de llevarme bien con otros, tratándolos con dignidad y honor.

Con la ayuda del Espíritu Santo y con tu gracia, no dejaré que ninguna palabra innecesaria salga de mi boca, sino solo la que sea buena para edificación de otros de acuerdo a sus necesidades y que yo pueda beneficiar a aquellos que me escuchan.

108

Mi corazón se engrandece con temas de bondad; doy una alocución con salmos a ti, el Rey. Mi lengua es como pluma de escribiente muy ligero, misericordia y bondad vencerán todo odio y egoísmo, y la verdad cierra toda hipocresía o falsedad; esto lo ato alrededor de mi cuello, lo escribo en la tabla de mi corazón.

Yo hablo cosas excelentes e importantes; y al abrir mis labios debe ser para cosas buenas y correctas; mi boca deberá hablar verdad, que las malas acciones sean detestables y aborrecibles a mis labios. Todas las palabras de mi boca son justas (derechas y firmes contigo Señor); no debe haber nada contrario a la verdad o torcido en ellas.

Mi lengua es como plata escogida y mis labios alimentan y guían a muchos. Abro mi boca en sabiduría divina y llena de habilidades; y en mi lengua está la ley de la bondad (dando consejo e instrucción).

Padre, gracias por amarme incondicionalmente, y por enviar a tu Hijo Jesús, a ser mi amigo y hermano mayor, y darme tu Santo Espíritu para enseñarme y recordarme todo lo que has dicho.

Yo he vencido por medio de la sangre del Cordero y de la palabra de mi testimonio.

Citas bíblicas de referencia

1 Juan 3:1
Mateo 6:6
Hebreos 11:6
Efesios 5:13
Proverbios 4:23
Efesios 4:15
Proverbios 18:21
Santiago 3:5-6
Santiago 3:9-16
Santiago 3:17
Santiago 3:17-18

Efesios 4:29
Salmo 45:1
Proverbios 3:3
Proverbios 8:6-8
Proverbios 10:20-21
Proverbios 31:26
Romanos 8:31-39
Hebreos 2:11
Juan 15:15
Juan 14:26
Apocalipsis 12:11

~ Treinta y Tres ~

Para hallar favor
ante los demás

Padre, en el nombre de Jesús, haz que resplandezca tu rostro sobre _____ y lo ilumine; derrama tu gracia (bondad, misericordia y favor) para él o ella.

_____ es cabeza y no cola. _____ está sólo arriba y no debajo.

_____ busca tu reino, tu justicia y tu santidad. Buscando diligentemente el bien_____ halla favor ante los demás.

_____ es una bendición para ti Señor, y es una bendición para _____ (nómbrelos: familia, vecinos, compañeros de negocio etc). Gracia (favor) sea con _____ quien ama al Señor Jesús con sinceridad. _____ extiende favor, honor y amor a _____ (nombres). _____ está fluyendo en tu amor, Padre. Tú estás derramando sobre _____ el espíritu de favor. Tú lo coronas de gloria y honor porque él/ella es hijo tuyo, obra de tus manos.

_____ es un triunfador hoy. _____ es alguien muy especial para ti, Señor. _____ está creciendo en el Señor fortaleciéndose en espíritu. Padre, dale a _____ conocimiento y habilidad en todo aprendizaje y sabiduría.

Haz que _____ encuentre el favor, la compasión y la bondad amorosa de _____ (nombres).

Declaro que _____ hallará favor ante toda persona con quien tenga contacto en este día, en el nombre de Jesús. _____ tiene tu plenitud, está arraigado y firme en tu amor. Tú haces las cosas más abundantemente de lo que _____ pide o piensa, porque tu inmenso poder está tomando control de todo en la vida de _____.

¡Gracias, Padre, porque _____ goza de tu favor y del favor de los hombres, en el nombre de Jesús! Amén.

Citas bíblicas de referencia

Números 6:25   Salmo 8:5

Deuteronomio 28:13   Efesios 2:10

Mateo 6:33   Lucas 2:40

Proverbios 11:27   Daniel 1:17

Efesios 6:24   Daniel 1:9

Lucas 6:38   Ester 2:15-17

Zacarías 12:10   Efesios 3:19-20

~ Treinta y Cuatro ~

Para encontrar
un compañero

Introducción

En nuestro ministerio, escuchamos de muchos hombres y mujeres que deciden estar casados. Si este es su deseo, aconsejamos preguntarle al Señor cómo prepararse para el matrimonio.

Someta a Dios los planes futuros para su vida y su propósito de agradarle a él. No haga sus deliberaciones sin su conocimiento. Él cuida de su crecimiento espiritual y su transformación. Llevándole de gloria en gloria (2 Corintios 3:18), pero esto no depende de tener un esposo.

La mayor parte del tiempo, cada cónyuge trae una porción de contenido emocional a las relaciones matrimoniales. Para su preparación matrimonial, recuerde que la unción, colocada sobre Jesús (Lucas 4:18-19) está con usted. Esta unción destruirá todo yugo de esclavitud (Isaías 10:27), así como Dios revela las heridas emocionales y sana el quebrantamiento.

113

Cuando conocemos la realidad de nuestra comple-
mentación en Cristo Jesús, nosotras estamos capaci-
tadas para entrar en una relación sana, en la cual
usted y su pareja puedan crecer juntos en lo espiritual
y en cada una de las otras áreas de su vida. Primero
buscamos el reino de Dios y su justicia (Mateo 6:33), y
hacemos las cosas que son agradables a sus ojos (1 Juan
3:22). Prepárese para ser la persona designada por él,
para estar completamente capacitada en su función
como esposa o esposo. Esta oración está escrita para
usted, su crecimiento y su beneficio.

Oración

Padre, vengo ante ti en el nombre de Jesús, y te
pido que tu voluntad se cumpla en mi vida, y por
medio de ti busco mi pareja matrimonial. Me someto
al constante ministerio de transformación hecho por
el Espíritu Santo, y presento ante ti mi petición.

Para prepararme para el matrimonio debo traer
cada cosa que esté escondida a la luz: heridas emocionales, barreras de negatividad, aislamiento emocional, silencio o hablar demasiado, rabia o inflexibilidad
*(nombre todo lo que la separe de una relación sana y del amor
y la gracia de Dios). Las armas de mi batalla no son
carnales, sino poderosas a través de ti, hasta que se derrumben las fortalezas.*

114

Yo sé en quién he colocado mi confianza, y estoy convencida de la obra, ya sea casada o soltera; me siento segura en tus manos.

Yo te amo Señor y he sido llamada de acuerdo a tu plan, y sé cada cosa que me acontezca será para mi bien. En tu presciencia, me escogiste para llevar mi familia del mismo modo que a tu Hijo. Me escogiste hace mucho tiempo; cuando llegó el tiempo me llamaste, me hiciste justa ante tus ojos, y luego me levantaste a un esplendor de vida como hija tuya.

Puesto que estoy rodeada por una gran nube de testigos, me permito eliminar todo lo que estorbe y el pecado que me asedia o me impida correr con paciencia la carrera que tengo por delante. Me permito fijar mis ojos en Jesús, el autor y consumador de la fe, el cual por el gozo puesto delante de él, soportó la cruz, desdeñó esta vergüenza y está sentado a la diestra de tu trono, oh Dios. Yo pienso en él que soportó tal oposición de hombres pecaminosos, así que no dejaré extraviar mi corazón ni me cansaré de crecer.

Le doy la espalda a los turbulentos deseos de la juventud y pongo mi atención en las cosas mejores: la integridad, el amor y la paz; en compañía de todos aquellos que se acercan a ti con sinceridad, Señor. No tengo nada que hacer con necias y enfermizas controversias, las cuales conducen inevitablemente a la contienda. Como tu sierva, no soy una persona de contienda; trato de ser bondadosa con todos, lista y habilitada para enseñar; deseo ser tolerante y

115

tener la habilidad para ser amable cuando corrijo a quienes se oponen a tu mensaje.

Padre, deseo con seriedad buscar (aspire a esto y después esfuércese) primero que todo tu Reino y tu justicia (tu forma de ser y hacer lo recto) y luego todas estas cosas vendrán añadidas a mí. Así no me preocupo ni estaré ansiosa acerca del mañana.

Estoy convencida de que puedo confiar en ti, porque tú me amaste a mí primero. Me escogiste en Cristo antes de la fundación del mundo. En él habita corporalmente toda la plenitud de la Deidad (Trinidad) y nosotros estamos completos en él (dando plena expresión de la naturaleza divina) que es la cabeza de todo principado y potestad. Él habita en forma humana (y yo estoy en él completa y vengo a una plenitud de vida en Cristo).

116

Estaré completa con el Señor –Padre, Hijo y Espíritu Santo– y extiendo toda mi estatura espiritual; y él (Cristo) es la Cabeza de toda norma y autoridad (de cada principado y poder). Así, estoy completa en Jesús, él es mi Señor.

Vengo ante ti, Padre, expresándote mi deseo de tener un compañero cristiano. Te pido que tu voluntad se cumpla en mi vida. Ahora tomo la bendición, descanso y me adhiero a lo verdadero y confío en ti.

En el nombre de Jesús, amén.

Citas bíblicas de referencia

Mateo 6:10

Mateo 6:33-34

1 Corintios 4:5

1 Juan 4:19

2 Corintios 10:4

Efesios 1:4

2 Timoteo 1:12

Colosenses 2:9-10

Romanos 8:28-30

Mateo 6:10

Hebreos 12:1-3

Hebreos 4:10

2 Timoteo 2:22-25

Juan 14:1

~ Treinta y Cinco ~

Preparándose para el matrimonio

Padre, algunas veces, ser soltera me hace sentir sola y angustiada. Cuando veo alguna pareja que ríe y se divierte me siento más sola y diferente.

Señor, por favor confórtame en estos tiempos. Ayúdame a tratar con mis sentimientos y pensamientos en una forma apropiada y a recordar que debo trabajar duro en mí misma, para estar preparada cuando tú traigas a la persona adecuada a mi vida, este es un tiempo de preparación para el día cuando esté unida a otro ser humano de por vida. Muéstrame cómo ser responsable, y permitir que otros lo sean por ellos mismos.

Muéstrame cuáles son los límites y cómo establecerlos en vez de levantar muros. Enséñame acerca del amor, tu amor, y cómo hablar la verdad en amor, igual que Jesús lo hizo.

Padre, no quiero ser un obstáculo para mi futuro esposo, para mí o para ti. Ayúdame a tener una buena opinión de mí misma. Acércame a las personas: maestros, ministros, consejeros, y a las cosas: libros, casetes, seminarios; cualquier cosa que tú puedas usar para enseñarme a conducirme de forma correcta, hacer lo correcto y ser completa.

Muéstrame cómo escoger el compañero que tú tienes para mí. Dame la sabiduría que necesito para ver con claridad, y no ser de doble ánimo. Ayúdame a reconocer las cualidades que tú quieres que yo vea en mi compañero.

Padre, gracias por revelarme que el escoger un compañero no debe estar basado sólo en las emociones y los sentimientos, pues tú tienes directrices muy definidas en la Biblia para que las use. Yo sé que cuando ponga en práctica estos principios seré librada de un futuro de dolor y perturbación.

Gracias, Padre, porque no estás tratando de que las cosas sean difíciles para mí, pues me conoces mejor de lo que yo me conozco. Tú sabes mi situación de principio a fin, así como las cualidades y los atributos que debe reunir la otra persona para que yo pueda ser feliz en nuestra vida juntos, y que esa persona sea feliz conmigo.

Oro que tú me ayudes a no quedar atrapada en una trampa oculta y peligrosa; deposito el cuidado de esta decisión en ti, conociendo que tú encauzarás mis pensamientos para estar de acuerdo con tu voluntad y que mis planes sean establecidos y cumplidos.

En el nombre de Jesús, amén.

119

Citas bíblicas de referencia

1 Corintios 1:3-4   Santiago 1:5-8
Efesios 4:15   Proverbios 3:26
Mateo 6:33   Proverbios 16:3

~Treinta y Seis~

Compatibilidad matrimonial

Padre, en el nombre de Jesús, oro y confieso que mi esposo y yo nos tratamos con bondad y paciencia; que nunca somos envidiosos ni ardemos de celos. No somos orgullosos ni nos vanagloriamos y no mostramos altivez entre nosotros. No somos engreídos, arrogantes, orgullosos, rudos y maleducados, y no actuamos de forma indecorosa. No insistimos en nuestros derechos o en hacer las cosas a nuestra manera. No somos egoístas, irritables, quejumbrosos o resentidos. No tomamos en cuenta el mal que se nos haya hecho ni prestamos atención a las injusticias que hayamos sufrido. No nos gozamos con la injusticia o la falta de rectitud, al contrario, nos regocijamos cuando la justicia y la verdad prevalecen.

121

Soportamos todo lo que venga. Siempre estaremos listos para creer lo mejor el uno del otro. Nuestra esperanza no se desvanece, bajo ninguna circunstancia, soportamos cada cosa sin flaquear. *Nuestro amor nunca se acaba* –no se desvanece ni se vuelve obsoleto o termina.

Confesamos que nuestras vidas y la de nuestra familia expresan la verdad en amor en todas las cosas. Hablamos la verdad, nos tratamos con la verdad y vivimos la verdad. Estamos rodeados de amor y hemos madurado en todos los aspectos.

Nos apreciamos mutuamente y ponemos nuestro deleite el uno en el otro. Nos perdonamos rápido y generosamente, como tú nos has perdonado en Cristo. Somos imitadores tuyos y copiamos tu ejemplo como niños amados que imitan a sus padres.

Gracias, Padre, que nuestro matrimonio se fortalece cada día, porque está fundado en tu Palabra y en tu bondadoso amor. Te alabamos por todo, en el nombre de Jesús. Amén.

122

Citas bíblicas de referencia

1 Corintios 13:4-8   *Efesios 4:15-32*
1 Corintios 14:1   *Efesios 5:1-2*

~ Treinta y Siete ~

Por las esposas

Padre, en el nombre de Jesús, confieso tu Palabra con mi boca; tengo fe que soy una mujer capaz, inteligente, paciente y virtuosa. Soy más valiosa que cualquier joya preciosa. Para mi esposo y mis hijos valgo más que los rubíes y las perlas.

El corazón de mi esposo reposa y confía en mí y puede contar conmigo completamente. Por eso, como dice tu Palabra, él no tiene falta de ganancia honrada ni necesita el botín deshonesto.

Padre, yo consolaré, animaré y haré por mi esposo sólo lo bueno, en toda nuestra vida juntos. Me ciño con fortaleza espiritual, mental, y salud física para cumplir con la tarea divina que me ha sido encomendada. Hago fuertes y firmes mis brazos. Veo que vayan bien las ganancias de mi trabajo con Dios (y para Dios). Mi lámpara nunca se apaga; la mantengo encendida continuamente a través de la noche, por cualquier preocupación, privación, dolor, o guerra, y aleja el temor, la duda, o la desconfianza.

Tiendo mi mano al pobre; extiendo mis manos llenas a los necesitados de espíritu, alma y cuerpo. Mi esposo es conocido como un triunfador en cada cosa que emprende. Me revisto de fortaleza y dignidad, y mi posición dentro del hogar es fuerte. Estoy confiada y en paz al conocer que mi familia está preparada para el futuro.

Hablo con habilidad y sabiduría divina, y en mi lengua está la ley de la justicia y el amor. Estoy atenta de todo cuanto sucede a mi familia, el pan que como no es producto del ocio, la murmuración, el descontento y la autocompasión.

Mis hijos se levantan y me llaman bienaventurada y feliz. Mi esposo está orgulloso de mí y me alaba diciendo que sobresalgo en todo lo que emprendo. Soy una mujer que te ama con reverencia y adoración, y que sabe que le darás el fruto de sus manos. Mis obras me traerán honra dondequiera que vaya Padre, porque declaro que soy una esposa sumisa, simplemente porque quiero serlo. Te doy gracias por mi esposo, que es la cabeza de nuestra familia, pero que me ha dado (en mi rango) poder necesario, para hacer lo que dice tu Palabra en Proverbios 31:10-31. Yo soy como la mujer descrita ahí: una esposa amorosa, sumisa y triunfante. En el nombre de Jesús. Amén

Citas bíblicas de referencia

Proverbios 31:10-31

~Treinta y Ocho~

El futuro bebé

Padre, en el nombre de Jesús, doy gracias por mi bebé que aún no ha nacido. Atesoro este criatura como herencia tuya. Mi hijo fue creado a tu imagen, perfectamente sano y completo. Tú conoces a mi niño desde la concepción, y conoces el camino que él o ella tomará en su vida. Pido tu bendición sobre él o ella y creo con firmeza en su salvación por medio de Jesucristo.

125

Cuando tú creaste al hombre y la mujer los llamaste benditos y los coronaste con gloria y honor. Es en ti, Padre, que mi hijo vivirá, se moverá y será. Él o ella es tu hijo, y vendrá a adorate y alabarte.

Padre celestial, te doy gracias y te alabo por las maravillas que tú has hecho y continúas haciendo. Estoy sobrecogida con el milagro de vida que tú has colocado dentro de mí. Gracias, amén.

Citas bíblicas de referencia

Salmo 127:3   Mateo 18:18

Génesis 1:26   Juan 14:13

Jeremías 1:5   Gálatas 3:13

2 Pedro 3:9   1 Juan 3:8

Salmo 8:5   Salmo 91:1

Hechos 17:28-29

~ Treinta y Nueve ~

Los hijos

Padre, en el nombre de Jesús, yo oro y confieso tu Palabra sobre mis hijos. Los rodeo con mi fe, la fe en tu Palabra. Sé que tú vigilas para ponerla por obra. Creo y confieso que mis hijos son discípulos de Cristo, que el Señor les enseña su voluntad y ellos obedecen. Grandiosa es la paz e imperturbable la calma de mis hijos, porque tú, Dios, contiendes con los que contienden con mis hijos y les das seguridad y descanso.

Padre, sé que tú perfeccionarás todo aquello que me concierne. *Hoy y para siempre te encomiendo el cuidado de mis hijos, Padre.* Poniéndolos en tus manos quedo completamente segura de que tú los guardarás y los conservarás. Como dice tu Palabra, yo sé a quién he creído, y estoy segura que es poderoso para guardar mi depósito. ¡Tú eres más que suficiente!

127

Declaro que mis hijos obedecen a su padre y a mí, porque como padres, somos los representantes del Señor. Según tu Palabra, esto es lo correcto y justo. Mis hijos _____ honran, estiman y valoran a sus padres como preciosos, porque este es el primer mandamiento con promesa. Dice la Palabra de Dios que si obedecen les irá bien y vivirá una larga vida sobre la tierra. Creo y confieso que mis hijos escogen vivir para ti y amarte a ti, Señor; obedecen tu voz se aferran a ti, porque tú das vida y largura de días. Por lo tanto mis hijos son cabeza y no cola; y estarán siempre arriba y nunca debajo, serán bendecidos cuando entren y cuando salgan.

Yo creo y confieso, que envías a tus ángeles para proteger a mis hijos, acompañarlos, defenderlos y preservarlos en todos sus caminos. Señor, tú eres su refugio y fortaleza; su gloria y el que les trae honor.

Como padres no provocaremos, irritaremos o exasperaremos a nuestros hijos. No seremos duros con ellos, ni los acosaremos. No causaremos que se desanimen, se frustren o se sientan inferiores. No quebrantaremos, ni heriremos su espíritu, sino que los educaremos con ternura en las enseñanzas, consejos y admoniciones del Señor. Los instruiremos en el camino por el que deben ir y cuando sean mayores no se apartarán de él.

¡Oh Señor, Señor mío, cuán excelente (majestuoso y glorioso) es tú nombre en toda la tierra! Tú has puesto tu gloria en los cielos y por encima de los cielos. De la boca de los niños que maman, fundaste la fortaleza; a causa de tus enemigos, para hacer callar al enemigo y al vengativo. Yo canto alabanzas a tu nombre, oh Altísimo. ¡Aparto al enemigo de mis hijos *en el nombre de Jesús!* Ellos aumentan en sabiduría y en favor con Dios y con los hombres. Amén.

128

Citas bíblicas de referencia

Jeremías 1:12	Salmo 91:11
Isaías 54:13	Salmo 91:2
Isaías 49:25	Salmo 3:3
1 Pedro 5:7	Colosenses 3:21
2 Timoteo 1:12	Efesios 6:4
Efesios 6:1-3	Proverbios 22:6
Deuteronomio 30:19-20	Salmo 8:1-2
Deuteronomio 28:13	Salmo 9:2-3
Deuteronomio 28:3-6	Lucas 2:52

~ Cuarenta ~

El futuro del niño

Padre, tu Palabra declara que los hijos son herencia tuya y prometes paz cuando se les enseña en tus caminos. Te dedico a _____ para que él o ella sea criado de acuerdo a tu voluntad y siga el camino que tú has escogido. Padre, confieso tu Palabra hoy sobre _____. Yo agradezco que tu Palabra sale y no regresa a ti vacía, sino que se cumplirá en lo que dice que hará.

Padre celestial, me comprometo como madre a instruir a_____ en el camino que deba andar, confiando en la promesa que él o ella no se apartará de tus caminos, sino que crecerá y prosperará en ellos. Te entrego el cuidado y la carga de criar a mi hijo. No provocaré a mi hijo; lo criaré y amaré en tu cuidado. Haré como ordena tu Palabra: enseñaré con diligencia a mi hijo; él estará en mi mente y mi corazón. Tu gracia es suficiente para vencer mis deficiencias como madre.

Mi hijo _____ es obediente y honra a sus padres, siendo capaz de aceptar las abundantes promesas de tu Palabra, en cuanto a larga vida y prosperidad. _____ es un niño piadoso; no se avergüenza ni teme honrar y guardar tu Palabra. Él está convencido de que tú eres el Dios Todopoderoso. Estoy agradecida de que mientras _____ crece, se acordará de ti y no dejará pasar la oportunidad de tener una relación con tu Hijo, Jesús. Tus grandes bendiciones estarán sobre _____ por guardar tus caminos. Te doy gracias por tu bendición sobre cada área de la vida de _____, porque tú verás la salvación y la obediencia de su vida a tus caminos.

Padre celestial, te agradezco que obreros será enviados a _____, para preparar el camino para salvación, como está escrito en tu Palabra, a través de tu Hijo, Jesús. Estoy agradecida de que _____ se dará cuenta de las tramas del diablo y será llevado a la salvación a través de la pureza de tu Hijo. Tú le has dado a _____ la gracia y la fuerza para caminar el angosto camino hacia tu reino.

131

Oro que como Jesús creció en sabiduría, y en estatura, tú bendecirás a este niño con la misma sabiduría y derramarás tu favor y sabiduría en abundancia en él o ella.

Te alabo de antemano por el futuro cónyuge de _____. Padre, tu Palabra declara que tú deseas que los niños sean puros y honrosos, esperando por el matrimonio. Yo declaro bendición sobre la futura unión, y creo que _____ va a ser adecuado para su pareja y que su hogar estará en divino orden, reteniendo con firmeza el amor de Jesucristo. Continúa preparando a _____ para que sea el hombre o la mujer de Dios, que tú deseas que sea.

_____ será diligente y trabajador, nunca será vago o indisciplinado. Tu Palabra promete grandes bendiciones para su hogar, y él o ella estará satisfecho y prosperará siempre. La piedad es provechosa para su casa, y _____ recibirá la promesa de vida, y todo lo por venir.

Padre, gracias por proteger y guiar a mis hijos. En el nombre de Jesús. Amén.

Citas bíblicas de referencia

Salmo 127:3

Isaías 54:13

Isaías 55:11

Proverbios 22:6

1 Pedro 5:7

Efesios 6:4

Deuteronomio 6:7

2 Corintios 12:9

Efesios 6:1-3

2 Timoteo 1; 12

Proverbios 8:17,32

Lucas 19:10

Mateo 9:38

2 Corintios 2:11

2 Timoteo 2:26

Job 22:30

Mateo 7:14

Lucas 2:52

Hebreos 13:4

1 Tesalonicenses 4:3

Efesios 5:22-25

2 Timoteo 1:13

Proverbios 13:11

Proverbios 20:13

Romanos 12:11

1 Timoteo 4:8

1 Juan 3:8

Juan 10:10

Mateo 18:18

Juan 14:13

Salmo 91:1,11

~ Cuarenta y Uno ~

Orar por los adolescentes

Padre, en el nombre de Jesús, yo afirmo tu Palabra sobre mi hijo/a. Yo dedico a_____ a ti, y me deleito en ti.

Te doy gracias porque tú liberas a _____ de la rebelión hacia una buena relación con nosotros, sus padres.

Padre, el primer mandamiento con promesa es para los hijos que obedecen a sus padres en el Señor. Tú dices que todo le saldrá bien y él o ella vivirá una larga vida en la tierra. Afirmo esta promesa en nombre de mi hijo, y te pido le des a _____ un espíritu obediente para que pueda honrar (estimar, y valorar como precioso) a su padre y a su madre.

Padre, perdóname los errores que yo haya cometido por mis propias heridas sin resolver y que por mi egoísmo pudieron haber causado heridas a _____. Libero la unción que está sobre Jesús para que vende y sane nuestros (padres e hijos) corazones rotos. Danos la habilidad de entender y perdonarnos unos a otros así como Dios, por amor a Jesús, nos perdonó a nosotros. Gracias por el Espíritu Santo que nos lleva a toda verdad y que corrige ideas erróneas acerca de situaciones pasadas o presentes.

Gracias por enseñarnos a escucharnos mutuamente y dar a _____ un oído que oye amonestación, pues así será llamado sabio. Afirmo que hablaré cosas excelentes y magníficas, y que abriré mis labios sólo para decir cosas correctas. Padre, me comprometo a entrenar y capacitar a _____ en el camino que deba seguir, y cuando sea viejo no se apartará de la sana doctrina y enseñanza, sino que la seguirá todos los días de su vida. En el nombre de Jesús, ordeno a la rebeldía salir del corazón de mi hijo, y confieso que él/ella está dispuesto y es obediente, libre para disfrutar de las recompensas de tu promesa. _____ estará en paz trayendo paz a otros.

Padre, de acuerdo a tu Palabra nos ha sido dado el ministerio de reconciliación, y yo desato este ministerio de reconciliación sobre esta situación familiar. Renuncio a provocar, irritar o imponerme a mi hijo, no seré dura con él/ella para no desalentarlo y que se sienta inferior o frustrado. En el nombre de Jesús y por el poder del Espíritu Santo no quebrantaré su espíritu. Padre, perdono a mi hijo por las cosas malas que me haya hecho; gracias porque sé que él entrará en razón y escapará de las garras del enemigo (rebelión). Gracias por vigilar tu Palabra, para ponerla por obra; dirigiendo y reconciliando el corazón del hijo rebelde con sus padres, y el corazón de los padres con los hijos. Gracias por regresar a mi hijo a una relación saludable conmigo y contigo, para que nuestras vidas te puedan glorificar. Amén.

135

Citas bíblicas de referencia

Salmo 55:12-14

1 Pedro 5:7

Salmo 37:4

Juan 14:6

Efesios 6:1-3

1 Juan 1:9

Isaías 61:1

Juan 16:13

Proverbios 15:31

Proverbios 13:1

Proverbios 8:6-7

Proverbios 22:6

Isaías 1:19

Isaías 54:13

2 Corintios 5:18-19

Colosenses 3:21

Juan 20:23

Ezequiel 22:30

Jeremías 1:12

Malaquías 4:6

~Cuarenta y Dos~

Por los hijos en la escuela

Padre, en el nombre de Jesús, confieso tu Palabra este día en lo concerniente a mis hijos mientras continúan con sus estudios y entrenamiento en la escuela. Tú obras con eficacia en ellos y creas en su interior el deseo y el poder de complacerte. Ellos son cabeza y no cola, están encima y no debajo.

Oro que mis hijos hallen favor, buen entendimiento, y alta estima a los ojos de Dios y de sus maestros y compañeros de clase. Te pido les des sabiduría y entendimiento mientras se les presente ciencia en toda rama de estudio y esfuerzo.

Padre, gracias por dar a mis hijos aprecio por el estudio, y ayudarlos a entender que la fuente y principio de toda sabiduría eres tú. Ellos tienen el anhelo del diligente, y son suplidos con abundancia de recursos educacionales, piensan con firmeza y diligencia cualquier decisión, teniendo en cuenta sus logros.

Gracias porque están creciendo en sabiduría y conocimiento. No dejaré de orar por ellos, pidiéndote que sean llenos del conocimiento de tu voluntad; dando fruto en toda buena obra.

Padre, gracias, porque mis hijos tienen protección divina ya que habitan al abrigo del Altísimo y

137

confían y encuentran refugio en ti y se mantienen arraigados y cimentados en tu amor. Ellos no se dejarán guiar o atraer por doctrinas filosóficas de hombres, que su enseñanza es contraria a la Verdad. Tú eres su escudo y baluarte y los proteges de los ataques o tretas del enemigo. Gracias por los ángeles que has asignado para acompañar, defender y preservar a mis hijos en todos sus caminos de servicio y obediencia. Ellos están establecidos en tu amor, el cual saca fuera todo temor.

Oro que sus maestros sean hombres y mujeres de Dios y de integridad. Da a nuestros maestros corazones comprensivos, y sabiduría para que puedan andar en caminos de piedad y virtud, reverenciando tu Santo nombre. Amén.

138

Citas bíblicas de referencia

Filipenses 2:13	Salmo 91:1-2
Deuteronomio 28:1,2,13	Efesios 4:14
Proverbios 3:4	Salmo 91:3-11
1 Reyes 4:29	Efesios 1:17
Daniel 1:4	Salmo 112:8
Proverbios 1:4,7	Efesios 3:17
Proverbios 3:13	Mateo 18:18
Proverbios 4:5	Santiago 1:5
Colosenses 1:9,10	

~Cuarenta y Tres~

El hogar

Padre, te doy gracias por bendecirme con toda bendición espiritual en Cristo Jesús.

Mi casa (mi vida, mi hogar, mi familia) se edifica con habilidad y sabiduría divina. Por medio de la prudencia se establece sobre fundamento firme y sano. Con ciencia se llenarán las habitaciones (cada rincón), de todo bien valioso y agradable. La casa de los justos permanecerá firme. Declaro que el bienestar y la prosperidad están en mi casa, en el nombre de Jesús.

139

Mi casa está edificada firme. Está fundada sobre una roca: el conocimiento revelador de tu Palabra. Jesús es mi piedra angular; el Señor de mi hogar. Jesús es nuestro Señor, de nuestro espíritu, alma y cuerpo.

Cualquiera que sea nuestra tarea, la hacemos de corazón, como algo hecho para ti y no para los hombres. Nos amamos los unos a los otros, con el amor que viene de Dios, y vivimos en paz. Mi hogar ha sido puesto a tu cargo, encomendado a tu protección y cuidado.

Padre, así es como mi casa y yo serviremos al Señor, en el nombre de Jesús. ¡Aleluya! Amén.

Citas bíblicas de referencia

Efesios 1:3

Proverbios 24: 3-4

Proverbios 15:6

Proverbios 12:7

Salmo 112:3

Lucas 6:48

Hechos 4:11

Hechos 16:31

Filipenses 2:10,11

Colosenses 3:23

Colosenses 3:14-15

Hechos 20:32

Josué 24:15

~ *Cuarenta y Cuatro* ~

Completa en el Señor

como soltera

Padre, nosotros te damos gracias, que _____ desea y busca con fervor las cosas de tu Reino y que él/ella sabe que tú le amas y puede confiar en tu Palabra.

Porque en Jesús habita corporalmente toda la plenitud de la Deidad (Trinidad) dando una expresión completa de la naturaleza divina, y _____ está en Él y ha llegado a la plenitud de vida en Cristo. Él o ella está lleno del Dios Trino –Padre, Hijo y Espíritu Santo–, y él/ella llega a la completa estatura espiritual, donde Cristo es la cabeza de todo principado, potestad y poder angelical.

141

Por lo tanto, en Jesús _____ está completo; Jesús es su Señor. Él o ella viene delante de ti Padre, buscando un compañero cristiano, nacido de nuevo. Pedimos que tu voluntad se cumpla en su vida. Ahora entramos en ese reposo, al creer, confiar y depender de ti, en el nombre de Jesús. Amén.

Citas bíblicas de referencia

Colosenses 2:9-10   *Hebreos 4:10*

Parte III

Oraciones por la vida profesional

~Cuarenta y Cinco~

Para comenzar cada día

Padre, como el _____ *(propietario, presidente, director, administrador, supervisor)* de_____*(nombre de la empresa)*. Vengo ante de ti con regocijo, porque este es el día que tú has hecho, y en el que yo puedo contentarme. La obediencia es mejor que el sacrificio, así que he decidido someter a ti cada día, mis planes y propósitos, para que puedan ser conducidos de una manera que te traigan honor y gloria. Lo cual es motivo para estar espiritual y mentalmente alerta en este tiempo de meditación y oración.

145

Es por esto, que pongo a tu cuidado a mi familia –mis padres, esposo, hijos y nietos– y tengo la certeza de que tú tienes el poder para cuidar de ellos. Gracias por los ángeles que has encomendado para que nos protejan a mi familia y a mí en todos nuestros caminos; ellos nos levantarán con sus manos para que nuestros pies no tropiecen.

Gracias, Señor, por los extraordinarios triunfos que mis asociados y yo hemos experimentado en nuestra organización; y por el aumento en las ganancias y en la productividad. Te agradezco por influir continuamente en cada persona en este negocio, y en cada decisión que se toma; y por tu inmensa fidelidad para con nosotros día a día, así como tu ayuda para convertirnos en todo lo que tú deseas que seamos.

Gracias, Padre, por ayudarnos a ser una compañía que continúa prosperando y expandiéndose. Nosotros reconocemos que sin tu ayuda y dirección no sería posible y habríamos fracasado; de esta forma podemos prosperar y tener buenas ganancias. Continúo dándote las gracias por las muchas bendiciones que tú has derramado sobre todos nosotros.

En especial te doy gracias por las personas con quien trabajaré hoy. Dame palabras de sabiduría y de gracia para estimularlos y edificarlos.

Padre, doblo mis rodillas ante ti, de quien toma nombre toda familia en los cielos y en la tierra. Oro que con las riquezas de tu gloria puedas fortalecer a cada uno por completo, con el poder de tu Espíritu interior, para que Cristo pueda morar en cada corazón por medio de la fe.

Ahora, a ti Señor, que estás habilitado para hacer más que todo lo que podamos nosotros imaginarnos o pedir, según tu poder, que actúa en nosotros, tuya es la gloria en esta compañía, y en Cristo Jesús a través de todas las generaciones, y por siempre. En el nombre de Jesús oro. Amén.

Citas bíblicas de referencia

Salmo 118:24	Lamentaciones 3:22-23
1 Samuel 15:22	Josué 1:8
2 Timoteo 1:12	Efesios 3:14-17
Salmo 91:11-12	Efesios 3:20

~Cuarenta y Seis~

Para estar preparada para el éxito

Padre, te doy gracias, porque cuando tu Palabra entra trae luz. Tu Palabra, la cual hablas (y *yo hablo también*), es viva y llena de poder (esto la hace activa, eficaz, poderosa y efectiva).

Padre, gracias que (me has dado espíritu) de poder, de amor, de calma, una mente bien equilibrada, de disciplina y dominio propio. Tengo tu poder, habilidad y suficiencia; y me has capacitado (haciéndome apta, digna, suficiente) como ministro y promulgador de un nuevo pacto (de salvación por medio de Cristo).

En el nombre de Jesús, salgo del área de fracaso, y entro al campo de triunfo, dándote gracias, Padre, porque tú me has facultado y capacitado para participar de la herencia de los santos (tu pueblo santo de Dios) en el reino de la luz.

Padre, tú me has liberado y acercado a ti, me has sacado del control y el dominio de las tinieblas (*fracaso, duda y temor*), y me has trasladado al reino de tu amado Hijo, en quien hay éxito (libertad de temores, de pasiones y conflictos morales). Me

148

regocijo en Jesús que ha venido para que yo tenga vida y la tenga en abundancia.

Hoy soy una nueva criatura, porque estoy (injertada) en Cristo, el Mesías. Las cosas viejas (condición moral y espiritual de antes) han pasado. ¡He aquí las condiciones frescas y nuevas han llegado! Olvido lo que ha quedado atrás y me esfuerzo por alcanzar lo que está delante. Estoy crucificada con Cristo, y ya no vivo yo mas Cristo vive en mí, y lo que ahora vivo en la carne, lo vivo en la fe del Hijo de Dios, el cual me amó y dio su vida por mí.

Padre, estoy atenta a tu Palabra, y me someto a ella; no la perderé de vista, y la mantendré muy dentro de mi corazón porque ella es vida (*éxito*) para mí; medicina y salud para todo mi cuerpo.

Cuido mi corazón con toda vigilancia y sobre toda cosa guardada porque de él mana la fuente de vida.

No permitiré, que la misericordia, la benevolencia, y la verdad me abandonen. Las ato alrededor de mi cuello, y las escribo en el libro de mi corazón. Por lo tanto, hallaré favor, buen entendimiento y alta estima en los ojos (decisión o juicio) de Dios y de los hombres.

Padre, mi deleite y deseo están en la ley del Señor, y en esto meditaré (estudiar y meditar) día y noche. Por lo tanto, soy como un árbol plantado firmemente (y cuidado) junto a corrientes de agua, lista para dar fruto en mi tiempo; mis hojas tampoco se debilitarán o marchitarán, y en cada cosa que yo haga seré prosperada (y vendrá la madurez).

Mas a Dios le doy gracias, quien me lleva siempre a triunfar en Cristo.

En el nombre de Jesús, amén.

Citas bíblicas de referencia

Salmo 119:130   2 Corintios 5:17

Hebreos 4:12   Filipenses 3:13

2 Timoteo 1:7   Gálatas 2:20

2 Corintios 3:5   Proverbios 4:20-23

Colosenses 1:12-13   Proverbios 3:3-4

Efesios 1:3   Salmo 1:2-3

2 Pedro 1:3   2 Corintios 2:14

Juan 10:10

~ Cuarenta y Siete ~

Oración por el éxito de un negocio

Padre, vengo ante ti con acción de gracias. Tú me has capacitado para participar de la herencia de lo santos (tu pueblo santo) en el reino de la luz y me has liberado del dominio de la oscuridad, trasladándome al Reino de tu amado Hijo.

Yo sé que tú me darás lo mejor a través de tu gran poder, en cada cosa que necesite para vivir como Dios manda: Incluso, ¡compartes conmigo tu gloria y tu bondad! Y con el mismo poder, me das todas tus preciosas y magníficas promesas; por ejemplo, la promesa de salvarme de la lujuria y de la corrupción que hay a mi alrededor, y me das tu propio carácter.

Tú me has liberado del dominio de la oscuridad y me has trasladado al Reino de tu querido Hijo.

Donde está tu Palabra hay luz y entendimiento. Tu Palabra no retorna a ti vacía; y siempre cumple lo que fue enviada a hacer.

Soy coheredera con Jesús, y como tu hija acepto que la comunicación de mi fe es eficaz por el conocimiento de toda buena obra que hay en mí, por Cristo Jesús.

Padre, someto mis obras (los planes y el cuidado de mi negocio) a ti, y te las entrego por completo. Puesto que tú estás efectuando este trabajo en mí (tú haces que mis pensamientos estén de acuerdo a tu voluntad) para que los planes de mi negocio puedan ser establecidos y tengan éxito.

En el nombre de Jesús me someto a la sabiduría y el entendimiento (perspicacia práctica y prudencia) que tú has derramado sobre mí, de acuerdo a las riquezas y generosidad de tu gracia y favor.

Padre, afirmo que obedezco tu Palabra, actuando y trabajando con honestidad con mis propias manos para poder compartir con los necesitados. En tu fuerza y de acuerdo a tu gracia, yo proveo para mí y para mi familia.

152

Gracias, Padre, por toda la gracia (cada favor y bendición terrenal) que viene a mí en abundancia, a fin de que teniendo siempre en todas las cosas lo suficiente, pueda abundar a toda buena obra.

Padre, gracias por los espíritus ministradores que has asignado para salir y traer consumidores. Jesús dijo: "Vosotros sois la luz del mundo". En su nombre mi luz brillará de tal forma delante de todos los hombres, que ellos verán mis buenas obras y te glorificarán, mi Padre celestial.

Te agradezco, Señor, la gracia que me permite mantenerme diligente en la búsqueda de conocimiento y destreza en las áreas que no tengo experiencia. Te pido la sabiduría y habilidad necesarias para entender lo que es justo y recto y tratar con justicia en toda área y relación. Afirmo que soy fiel y estoy comprometida con tu Palabra. Mi vida y negocios están fundados sobre estos principios.

Gracias, Padre por el éxito de mis negocios
En el nombre de Jesús, oro. Amén.

Citas bíblicas de referencia

Colosenses 1:12	Efesios 4:28
Colosenses 1:13	1 Timoteo 5:8
2 Pedro 1:3-5	2 Corintios 9:8
Salmo 119:130	Isaías 55:11
Hebreos 1:14	2 Corintios 6:16-18
Mateo 5:14.16	Filemón 6
Proverbios 22:29	Proverbios 16:3
Proverbios 2:9	Filipenses 2:13
Proverbios 4:20-22	Efesios 1:7-8

153

~ Cuarenta y Ocho ~

Para tomar
decisiones difíciles

Padre, traigo ante ti esta decisión que es difícil para mí, pero sé que contigo puede ser fácil.

Señor, te ruego me ayudes a ver los dos lados de este asunto y a considerar todos los factores involucrados en él. Ayúdame a evaluar de forma correcta los aspectos positivos y negativos de esta situación.

154

Señor, reconozco que para ser un buen gerente es muy importante poder hacer decisiones. En el proceso de la información y considerando las posibles repercusiones o beneficios de esta decisión, ayúdame a evitar que el análisis se detenga, a obtener los datos que necesito y a evaluar todo esto con cuidado y prudencia.

Padre, ayúdame a escuchar tu voz, para así hacer la decisión correcta y justa en este caso, y actuar sin precipitación, pero sin dilatarla demasiado.

Señor, ayúdame a no ser influido por mi personal y sus deseos en lo concerniente a este asunto. Más bien, ayúdame a percibir y escoger lo que es mejor para mi departamento o compañía, sin considerar cómo puedo sentirme acerca de ello. Ayúdame a emprender y conducir este asunto haciendo decisiones correctas y objetivas.

Gracias por tu guía y dirección en esta situación. En el nombre de Jesús, amén.

Citas bíblicas de referencia

Isaías 11:2   *Juan 10:27*
Colosenses 4:1   *Filipenses 2:3*
Proverbios 28:1   *Jueces 6:12*

155

~Cuarenta y Nueve ~

Para orar por la empresa

Padre, te ruego por_____ hoy. Te doy gracias por esta organización y por formar parte de ella. Estoy agradecida de la oportunidad de poder ganar en esta firma para mi sustento y el de mi familia; y por las bendiciones que ella me proporciona a mí y a todos sus empleados.

Padre, gracias que en esta empresa gozo de buena reputación, y soy apreciada por los clientes y vendedores, y que el recibir el respaldo de los clientes nos hace prosperar y tener utilidades. Continúa dándoles sabiduría y discernimiento a aquellos que ocupan puestos importantes, en los cuales deben tomar decisiones.

Te pido que_____ continúe creciendo y prosperando. Gracias por el aumento en las ventas y la expansión de los mercados.

Gracias, Padre, por la creatividad que es evidente en las diferentes áreas de esta compañía –producto de ideas novedosas y nuevos conceptos en el servicio, innovaciones y técnicas que mantienen la organización vibrante, vigente y próspera.

Te ruego, Señor, bendigas este negocio, y que nos motives a ser una bendición para el mercado que servimos, así como para aquellos que viven o invierten en él para su diario sustento.

Te lo ruego en el nombre de Jesús, amén.

Citas bíblicas de referencia

1 Timoteo 2:1-3   *Proverbios 3:21*

3 Juan 2   *Salmo 115:14*

Josué 1:8   *Proverbios 8:12*

Salmo 5:12   *Malaquías 3:12*

Proverbios 2:7   *Hebreos 6:14*

~Cincuenta ~

Orar por un superior

Padre, en tu Palabra dices que oremos por aquellos que ejercen autoridad sobre nosotros, por consiguiente, oro por mi director o supervisor. Te pido le des sabiduría en lo concerniente a cada decisión que tenga que hacer hoy. Ayúdale a identificar con claridad y valorar con precisión cada problema potencial, y a hacer las decisiones correctas —a responder y no reaccionar ante cualquier situación o circunstancia que se presente en el transcurso del día.

Padre, te ruego que le ayudes a establecer las prioridades apropiadas. Muéstrale qué tareas son más importantes, y que él o ella nos motive a realizar nuestras labores de la mejor forma posible.

Ayúdale a ser compasivo con las necesidades de aquellos que están bajo su supervisión, que trabajan para él o ella, y que comprenda que todas las personas no son iguales ni responden o reaccionan de la misma manera. Ayúdalo a adaptar su forma de dirigir a la fortaleza, debilidad o tipo de personalidad de cada individuo. Concédele habilidad para gobernar más allá de sus habilidades naturales y talentos. Oro que pueda realmente descansar en ti y adquirir fuerza, sabiduría y discernimiento de ti.

Yo he tomado la determinación de ser guardiana de mi boca, y renuncio a decir cualquier cosa negativa o irrespetuosa acerca de mi director o supervisor. Deseo apoyarlo y decir sólo cosas buenas de él.

Padre, te ruego le des paz, para que siempre, aun en medio de la confusión, actúe con seguridad y confianza y pueda tomar decisiones sabias. Ayúdame a ser sensible a sus necesidades y responsabilidades. Señor, muéstrame el camino para brindarle apoyo y ayuda en el cumplimiento de sus labores.

Padre, tú has dicho en tu Palabra, que tú Espíritu nos enseñará todas las cosas que han de venir. Te pido que le muestres a mi director o supervisor cómo solucionar los pequeños problemas antes que se puedan convertir en problemas mayores. Concédele ideas creativas para que pueda ser un mejor líder y manejar bien su departamento.

Por todas estas cosas, te doy gracias, alabanza y gloria en el nombre de Jesús. Amén.

Citas bíblicas de referencia

1 Timoteo 2:1-3	*Isaías 40:29-31*
1 Corintios 2:16	*Filipenses 4:7*
Efesios 4:23-24	*Hebreos 12:14*
Mateo 6:33	*Juan 14:26*
Romanos 12:10	*Juan 16:13*

~ Cincuenta y Uno ~

Oración para cuando hay hostigamiento en el trabajo

Padre, vengo ante ti en el nombre que es sobre todo nombre –el nombre de Jesús. Torre fuerte es tu nombre, a ella puedo correr y estar segura cuando soy hostigada en el trabajo.

Señor, admito que esas palabras poco amables y crueles realmente me han herido. Deseo ser aceptada por mi jefe y compañeros de trabajo; pero te obedezco a ti y sigo tus mandamientos.

Yo sé que Jesús fue tentado como yo, pero él no cedió al pecado o al odio. Por favor dame tu misericordia y gracia para tratar con esta situación. Tú eres mi consuelo; un verdadero amigo en todo tiempo.

Gracias, Señor, porque nunca me has dejado ni me has desamparado. He decidido perdonar a todo el que ha dicho palabras poco bondadosas de mí. Te ruego que obres este perdón en mi corazón. Me someto a ti y rechazo la desilusión y el enojo que han tratado de consumirme.

En este momento, yo perdono a _____.

Por favor, Señor, haz que esta situación se arregle y sea algo provechoso para mi vida. **A ti, oh Señor,**

elevo mi alma. Dios mío, en ti confío; no sea yo avergonzado, que no se alegren de mí mis enemigos (Salmo 25:1-2). Me acojo a ti, oh Señor, y tú me liberarás y protegerás, porque conozco tu nombre y puedo llamarte, y tú me responderás y estarás conmigo en los momentos de angustia, tú me librarás y me llenarás de honores.

Padre, rechazaré la tentación de regresar al enojo y me propongo amar a _____ con el amor de Jesús en mí. Misericordia y verdad están escritas en el libro de mi corazón; por esta razón, tú me harás hallar favor y entendimiento con mi jefe y compañeros de trabajo. Aléjame de hacer justicia por mí misma, para que pueda caminar en tu justicia. Gracias por ayudarme y darme amigos que están a mi lado y me enseñan cómo guardar mi corazón con esmero.

161

Declaro que en medio de todas estas cosas, seré más que vencedora a través de Jesús, quien me ama. Puedo usar los ingeniosos descubrimientos que tú me has provisto, y confiaré en tu sabiduría cuando trabajo. Soy valiente y oro que pueda expresarme con fluidez cuando realizo mi trabajo.

En el nombre de Jesús te lo pido, amén.

Citas bíblicas de referencia

Filipenses 2:9   Proverbios 3:3-4

Proverbios 18:10   Proverbios 4:23

Hebreos 4:15   Romanos 8:37

Proverbios 17:17   Proverbios 8:12

Hebreos 13:5   Salmo 31:24

Proverbios 16:4   Efesios 6:19

Salmo 91:14,15

~Cincuenta y Dos~

Para mejorar la armonía y la cooperación

Lectura devocional

Completad mi gozo, sintiendo lo mismo, teniendo el mismo amor, unánimes, sintiendo una misma cosa

Filipenses 2:2

Oración

163

Padre, Jesús oró que sus seguidores sean uno. Yo estoy de acuerdo con mi Señor, y te ruego que halla armonía y cooperación entre los líderes y empleados de _____ (nombre de la empresa). Te pido sabiduría para saber cómo resolver los conflictos que se puedan presentar entre los departamentos.

Como_____ (*presidente, supervisor director etc.*) de _____ yo establezco principios de paz, desarraigando y disolviendo confusión, rivalidades, discusiones y discordias por el bien de nuestra compañía _____ y el bienestar de todo los interesados.

En el nombre de Jesús, me someto a ti, Padre, y resisto al diablo. Supero el temor al enfrentamiento (resultado de esto) e inicio la solución. Yo deseo tener paz con mis compañeros de trabajo, clientes, familia y amigos.

Dame el coraje para acercarme a alguien que tenga cualquier cosa contra mí y que podamos reconciliarnos. Entonces vendré y te presentaré mi ofrenda.

También, pido la valentía del León de Judá para hablar con alguna persona que haya pecado contra mí, y _____ (*nombre de la empresa*) y confrontar la falta, sin atacarle. Te ruego que pueda haber reconciliación. Ayúdame a perdonar, incluso si esta persona se niega a que halla una reconciliación para continuar con los pasos necesarios para el bien de él o ella y el bienestar de la compañía.

Gracias por la armonía y cooperación necesarias para el cumplimiento de nuestras metas comunes.

Gloria a ti, que con tu maravilloso poder obras dentro de nosotros y puedes hacer mucho más que todo lo que podamos imaginarnos o pedir –superior a nuestros mayores deseos, pensamientos o esperanzas. Para ti sea la gloria por siempre, y a través de los siglos, por tu plan maestro de salvación para la iglesia a través de Jesucristo.

En el nombre de Jesús, oro, amén

Citas bíblicas de referencia

Juan 17:21   Mateo 5:23-24

Santiago 1:5   Mateo 18:15

Santiago 4:7   Efesios 3:20-21

Hebreos 12:14

~ *Cincuenta y Tres* ~

Para vencer actitudes negativas en el trabajo

Padre, gracias por guardar tu Palabra y hacerla cumplir en mí, y en aquellos que trabajan conmigo a tu servicio, en especial a _____. Yo digo que él o ella obedece a sus empleadores –jefes o supervisores los respeta y está ansioso de agradarlos con la sencillez de su corazón como (servicio) a Cristo (mismo), no sirviendo al ojo (como si ellos estuvieran mirándolo) sino como un siervo (empleado) de Cristo, con corazón sincero y que teme a Dios.

_____ siempre está listo para prestar sus servicios con buena voluntad, como para ti y no para los hombres. Él sabe que cualquier bien que haga, será recompensado por ti.

_____ realiza todas sus tareas sin refunfuñar, criticar o lamentarse (contra ti) y cuando se cuestiona algo o duda lo hace para sí. Él o ella es intachable y puro, tu hijo, sin mancha (sin falta, irreprensible) en medio de una generación torcida y depravada (espiritualmente corrompida y perversa), en medio

166

de la cual, es visto como una luz brillante (como una estrella o faro que irradia luz) en el (oscuro) mundo.

_____ te reverencia a ti, Señor, su trabajo es una sincera expresión de su devoción. Cualquiera que sea su tarea, él o ella la hace de corazón (del alma), como algo hecho para ti, con la certeza de que a quien está sirviendo, en realidad, es a Cristo el Señor (el Mesías).

En su nombre oro, amén.

Citas bíblicas de referencia

Jeremías 12:1   *Filipenses 2:14-15*
Efesios 6:5-8   *Colosenses 3:22-24*

Cincuenta y Cuatro

Orar por un incremento en la productividad personal

Padre, vengo ante ti desalentada porque no estoy satisfecha con mi productividad en el trabajo. Pienso que no estoy rindiendo como debería, debido a que no soy lo suficientemente eficiente o efectiva como necesito ser.

Señor, te ruego me ayudes a planear mi día, estar atenta a mis labores, permanecer concentrada en mis asignaciones, establecer prioridades en mi trabajo y mantenerme firme en el progreso hacia mis objetivos.

Padre, dame discernimiento y ayúdame a darme cuenta de cualquier hábito que tenga que me impida tener rendimiento en mis obligaciones. Muéstrame de qué otra forma podría tratar con las tareas que me resultan tediosas, y así realizarlas con el mejor resultado posible. Ayúdame a organizar mis trabajos, mi programa de actividades y mi tiempo.

Señor, revélame lo que necesito saber y hacer –por medio de libros, por tu Espíritu, otras personas que trabajan conmigo o por cualquier otro medio que tú escojas– para convertirme en una empleada más productiva y fructífera.

168

Mi corazón anhela hacer lo mejor para ti y para mi empleador. Cuando me sienta frustrada por algo que ocurra, ayúdame, Padre, por medio del poder de tu Espíritu Santo a hacer cualquier cosa que sea necesaria para corregir esta situación, y que yo pueda una vez más desempeñar mi trabajo con exactitud y habilidad.

Gracias, Señor, por permitir que todas estas cosas ocurran en mi vida.

En el nombre de Jesús, oro. Amén.

Citas bíblicas de referencia

Salmo 118:24   Salmo 119:99

Proverbios 16:9   Proverbios 9:10

Proverbios 19:21   1 Corintios 4:5

Efesios 1:17

169

~ Cincuenta y Cinco ~

Para emprender un nuevo proyecto

Señor, traigo ante ti este nuevo proyecto que estamos considerando emprender. Pienso que puede formar parte de las cosas que podemos hacer, pero necesito de tu sabiduría.

Si esto no es tuyo, Señor, por favor coloca en nuestro espíritu el sentir de no continuar. Indícanos si debemos dejar de planificar y de trabajar en ello, y pon un alto a cualquier pérdida adicional de tiempo y energía.

Si viene de ti, Padre, entonces te doy gracias por tu consejo y asistencia en lo referente a este proyecto. Danos entendimiento y discernimiento en la preparación de todos los detalles, y en la recopilación de la información que necesitamos para trazar un plan de acción y para planear el presupuesto para el trabajo. Ayúdanos a recopilar los hechos y cifras que necesitamos para llevar a cabo este proyecto, de acuerdo a tus planes y propósitos.

Gracias Señor, por tu sabiduría y agudeza. Te pido nos des a cada uno de nosotros guía y dirección, por medio de tu Espíritu Santo, y así podremos saber

170

cuánto debemos asimilar de la información que recopilemos y usarla sacando el mayor provecho posible. Revélanos cualquier costo o gasto oculto, para así tomarlo en cuenta y poder preparar el presupuesto con exactitud y planear con detalles el tiempo y el dinero.

Danos a todos los involucrados la habilidad para concentrar nuestra atención y enfocar nuestros esfuerzos en este proyecto y poder completarlo satisfactoriamente y por medio de él traer honor y gloria a ti.

En el nombre de Jesús, oro. Amén.

Citas bíblicas de referencia

Proverbios 8:12   *Efesios 1:8,9,17*

Isaías 11:2   *Lucas 12:2*

Jeremías 29:11-13   *Romanos 12:2*

Jeremías 33:3

171

~Cincuenta y Seis ~

Para dirigir una reunión

Padre, en el nombre de Jesús, ruego que tu sabiduría pueda prevalecer hoy en nuestra reunión. Ayuda a cada uno de nosotros a estar listos para escuchar, ser lentos para hablar y para enojarnos, pues la ira humana no trae la vida justa que tú deseas.

Señor, reconozco tu Espíritu Santo, y le doy la bienvenida a esta reunión, conociendo nuestra dependencia de su presencia y su dirección. Con tu ayuda, me propongo considerar y respetar cada opinión individual como valiosa y excelente.

Sé que la respuesta blanda quita la ira, seré atenta y cortés en todas nuestras deliberaciones.

Ayúdanos a cada uno a dar nuestras opiniones en el tiempo apropiado y a evitar sentimientos de autocompasión o autoexaltación. Guárdanos de pensar que nuestras opiniones no están siendo escuchadas.

Oro por aquellos que sus sugerencias no son aceptadas. Ayúdales a conocer que cualquier rechazo a sus opiniones o sugerencias no es algo personal.

Si mis opiniones no son aceptadas, rehúso creer que soy rechazada como persona. Recordaré que mis opiniones son diferentes de mí.

Padre, tu amor en mí no insiste en sus propios derechos ni en sus propias formas, porque esto no es por egoísmo. Someto todo a la sabiduría que viene de los cielos, porque esta es pura, pacífica, amable, benigna, llena de misericordia y de buenos frutos, sin incertidumbre ni hipocresía. Y el fruto de justicia se siembra en paz para aquellos que hacen la paz.

Gracias, Padre, por la sabiduría que viene de lo alto en el nombre de Jesús, oro. Amén

Citas bíblicas de referencia

Efesios 1:17   1 Pedro 5:5

Santiago 1:19-20   Romanos 12:10

Juan 16:13   1 Corintios 13:5

Proverbios 15:1   Santiago 3:17.18

Parte IV

Oraciones por el ministerio

~Cincuenta y Siete ~

El cuerpo de Cristo

Padre, oramos por el cuerpo de Cristo y pedimos que sean llenos del conocimiento pleno, profundo y claro de tu voluntad en toda sabiduría e inteligencia espiritual. Es decir, que tengan una visión amplia y profunda de tus caminos, para que caminen como es digno de ti, Señor; agradándote en todo, produciendo fruto en toda buena obra y creciendo en tu conocimiento, con una visión profunda y más clara.

Te rogamos que el cuerpo de Cristo sea lleno de vigor y fortalecido con poder, según la fortaleza de tu gloria, para ejercitar todo tipo de resistencia y paciencia (perseverancia, dominio propio) con gozo, dándote gracias a ti, Padre. Tú has capacitado a sus miembros y has hecho posible que compartan la porción que es herencia de los santos (tu pueblo santo) en la luz. Padre, tú los has liberado y atraído a ti, sacándolos de la potestad y el dominio de las tinieblas, y los has trasladado al Reino de tu Hijo amado. En él tienen redención por medio de su sangre, la redención de sus pecados.

Padre, te gozas al ver a los miembros del cuerpo de Cristo en pie, hombro con hombro, listos para

177

la batalla, firmes con sólido frente, constantes en su fe en Cristo. En esa fe, ellos pueden apoyar toda flaqueza humana, con confianza y seguridad en tu poder, sabiduría y bondad. Caminan –regulan sus vidas y se conducen– en unión y conformidad con él, y están enraizados firme y profundamente en él, cada día más firmes y establecidos en la fe.

Padre, los miembros de tu pueblo caminan como representantes escogidos; tus elegidos. Son puros, santos y amados por ti. Se revisten de una conducta que se caracteriza por la santidad, la misericordia y un corazón compasivo; tienen sentimientos de bondad, mansedumbre y paciencia –una paciencia incansable y sufrida que puede, con buena disposición, soportar todo lo que se presente. Son amables y pacientes los unos con los otros, y si tienen diferencias (agravio o queja) se perdonan con rapidez; así como tú los has perdonado gratuitamente, también ellos perdonan.

Los miembros de tu pueblo se revisten de amor, cubriéndose con el vínculo de la perfección, uniendo todo en una armonía ideal.

Permiten que la paz de Jesús gobierne siempre en sus corazones –deciden y solucionan todas las preguntas que llegan a sus mentes– en ese estado de paz al cual han sido llamados. Son agradecidos, saben valorar y dan siempre a ti la alabanza.

El cuerpo de Cristo permite que la Palabra hablada por Jesús, el Mesías, habite en sus corazones y mentes. Ella habita ricamente en sus vidas. Ellos se enseñan, amonestan e instruyen entre sí, en toda comprensión, inteligencia y sabiduría. Con corazones llenos de tu gracia componen melodías para ti con cantos espirituales.

Y todo lo que hacen de palabra o de hecho lo hacen en el nombre del Señor, en completa dependencia de su persona, dándote alabanza a ti, Padre, por medio de él.

En el nombre de Jesús. Amén.

Citas bíblicas de referencia

Colosenses 1:9-14   *Colosenses 2:5-7*
Colosenses 3:12-17

179

~Cincuenta y Ocho~

Salvación de los perdidos

Padre, está escrito en tu Palabra: ***Exhorto ante todo, a que se hagan rogativas, oraciones, peticiones y acciones de gracias, por todos los hombres*** (1 Timoteo 2:1).

Por lo tanto, Padre, traemos ante ti a los perdidos de este mundo; a todos los hombres, mujeres y niños, a los que están cerca y a los que están en los rincones más lejanos de la tierra. Intercedemos por ellos por medio de nuestra fe, creemos que hoy miles de personas tendrán la oportunidad de aceptar a Jesucristo como su Señor.

Satanás, atamos tu espíritu cegador del anticristo, y te apartamos de toda gestión contra aquellos que tienen la oportunidad de aceptar a Jesús como Señor.

Te pedimos, Señor de la cosecha, que coloques al obrero perfecto en sus caminos. Que él les comparta las buenas nuevas del Evangelio de una forma especial, de manera que escuchen y comprendan. Tenemos fe en que no se resistirán al Espíritu Santo, porque tú, Padre, los llevarás al arrepentimiento por medio de tu bondad y amor.

180

Declaramos que aquellos a quienes nunca se les ha hablado de Jesús, abrirán los ojos, los que nunca han oído hablar de Jesús comprenderán el Evangelio y saldrán de la trampa y del cautiverio del diablo. Saldrán de las tinieblas a la luz, del poder de Satanás a ti, oh Dios.

En el nombre de Jesús. Amén.

Citas bíblicas de referencia

1 Timoteo 2:1-2   Romanos 2:4

Mateo 18:18   Romanos 15:21

Mateo 9:38   2 Timoteo 2:26

181

~Cincuenta y Nueve~

Visión para la iglesia

Padre, en el nombre de Jesús, venimos ante tu presencia a darte gracias por _____ (nombre de la iglesia).

Tú nos has llamado a ser santos en _____(nombre de la ciudad) y alrededor del mundo. Así que alzamos nuestras voces al unísono para reconocer que tú eres Dios, y todo lo que existe ha sido creado por ti y para ti. Nosotros llamamos las cosas que no son como si fuesen.

Te damos gracias que estamos identificados; no hay división entre nosotros, estamos unidos en una misma mente y en un mismo parecer. Concédenos ser tus representantes aquí, sin temor alguno de proclamar tu Palabra, la cual tú confirmarás con las correspondientes señales. Te agradecemos que tenemos obreros en abundancia y gente capacitada para cualquier tipo de trabajo. Cada departamento obra en la excelencia del ministerio y las intercesiones. En nuestra iglesia tenemos las ofrendas del ministerio para la edificación de este cuerpo, hasta que todos lleguemos a la unidad de la fe y el conocimiento del Hijo de Dios, a la madurez individual. Ninguno de nuestro pueblo será niño fluctuante, llevado y traído por todo viento de doctrina. Proclamaremos la verdad en amor.

Somos un cuerpo de creyentes que crece y testifica beneficiado con _____ (número) miembros fuertes. Conocemos nuestras necesidades. Por esa razón, conocemos las necesidades de aquellos que vienen –de espíritu, alma y cuerpo. Pedimos la sabiduría Divina para cubrir esas necesidades. Padre, te damos gracias por el ministerio de ayuda, para el cual tú nos has llamado con más apremio. Nuestra iglesia está prosperando financieramente y poseemos más que suficiente para resolver cualquier situación. Tenemos todo lo que necesitamos para llevar la Gran Comisión, y alcanzar _____ (nombre ciudad o país) para Jesús. Somos un pueblo de amor, y el amor de nuestros corazones es derramado hacia el extranjero por el Espíritu Santo. Te damos gracias que la Palabra de Dios mora abundantemente en nosotros y Jesús es nuestro Señor.

Somos una iglesia extraordinaria, integrada por un pueblo excepcional, que hace cosas maravillosas, porque somos obreros unidos con Dios. Te damos gracias por tu presencia entre nosotros y alzamos nuestras manos y alabamos tu santo nombre. Amén.

Citas bíblicas de referencia

Hechos 4:24	*Efesios 4:11-15*
Romanos 4:17	*Filipenses 4:19*
1 Corintios 1:10	*Romanos 5:5*
Hechos 4:29	*1 Corintios 3:9*
Marcos 16:20b	*Salmo 6:3-4*
Éxodo 35:33	

Esta oración fue escrita por T. R. King; Valley Christian Center; Roanoke, Virginia. Usada con el permiso del autor.

~ *Sesenta* ~

Por los ministros

Padre, en el nombre de Jesús, oramos y declaramos que el Espíritu del Señor –el espíritu de sabiduría y de inteligencia, el espíritu de consejo y de poder, y el espíritu de conocimiento y de temor–.descanse sobre _____. Te rogamos que cuando tu Espíritu repose sobre _____ avive su entendimiento. Señor, sabemos que tú lo has ungido y le has dado las cualidades necesarias para predicar el evangelio a los humildes, los pobres, los ricos y los afligidos. Tú has enviado a _____ para que sane a los quebrantados de corazón, para que proclame libertad a los que están física y espiritualmente cautivos, y para que abra las prisiones y los ojos de los que están prisioneros. _____ será llamado sacerdote del Señor. La gente lo llamará ministro de Dios, y se alimentará de las riquezas de las naciones.

Oramos y creemos que ninguna arma forjada contra _____ prosperará, y que toda lengua que se levante contra él/ella para juzgarlo, será condenada. Te rogamos que prosperes en abundancia, física, espiritual y financieramente a _____. Declaramos que _____ se mantiene firme

185

siguiendo el modelo de enseñanza sana y sólida, en toda la fe y el amor que hay en Cristo Jesús.

_____ conserva como el más grande amor, la Verdad preciosa que le ha sido encomendada por el Espíritu Santo, quien mora siempre en él.

Señor, oramos y creemos que día a día _____ recibe fuerza para hablar, y que abrirá los labios con valor y denuedo como es necesario para que llegue el Evangelio a la gente. Gracias, Señor, por esta nueva fuerza sobrehumana que le has dado.

Confesamos, ahora mismo, que apoyaremos a __ _____ y oraremos en todo momento por él. Sólo diremos aquellas cosas buenas que lo edifiquen. No nos permitiremos juzgarlo, sino que seguiremos intercediendo por él. Declararemos y oraremos bendiciones sobre él, en el nombre de Jesús. Gracias, Jesús, por las respuestas. ¡Aleluya! Amén.

Citas bíblicas de referencia

Isaías 11:2-3	*2 Timoteo 1:13-14*
Isaías 61:1-6	*Efesios 6:19-20*
Isaías 54:17	*1 Pedro 3:12*

~ *Sesenta y Uno* ~

Por los misioneros

Padre, presentamos ante ti a los miembros del cuerpo de Cristo que están en el campo misionero, llevando las buenas nuevas del Evangelio –no solo en este país, sino también alrededor del mundo–. Alzamos ante ti a aquellos miembros del cuerpo de Cristo que sufren persecución o que están en prisión por sus creencias. Padre, sabemos que tu Palabra prospera en aquello para lo que tú la enviaste. Por lo tanto, declaramos tu Palabra y establecemos tu Pacto en esta tierra. Nosotros oramos y en otros lugares son recibidas las respuestas por medio del Espíritu Santo.

187

Gracias, Padre, por revelar a tu pueblo la integridad de tu Palabra y que ellos puedan estar firmes, resistiendo en la fe el ataque del diablo. Padre tú eres su luz, salvación, refugio y fortaleza. Los escondes en tu morada y los colocas en lo alto de una roca. Tu voluntad es que todos prosperen, que tengan salud y vivan en victoria. Tú liberas a los prisioneros, alimentas al hambriento, ejecutas justicia, rescatas y liberas.

En el nombre de Jesús, nosotros atamos a Satanás y a cada espíritu amenazador que se levante contra el pueblo de Dios.

Encomendamos a los espíritus ministradores que salgan a proveer la ayuda y el socorro necesarios para estos herederos de la salvación. Ellos y nosotros nos fortalecemos con el poder del Señor, y apagamos todos los dardos del diablo en el nombre de Jesús.

Padre, usamos nuestra fe para cubrir con tu Palabra a estos miembros del cuerpo de Cristo. Declaramos que ninguna arma forjada contra ellos prosperará, y toda lengua que se levante contra ellos para juzgarlos, será condenada. Esta paz, seguridad, y triunfo sobre sus enemigos, son su herencia como hijos tuyos. Este es el derecho que obtienen de ti, Padre, que tú les impartes como su justificación. No temerán, ni el terror se acercará a ellos. Ningún pensamiento de destrucción los preocupará.

188 Padre, tú dices que los confirmarás hasta el fin, los mantendrás firmes, les darás fortaleza y garantizarás su reivindicación. Es decir, que tú serás su justificación en contra de toda acusación. Ellos no se preocuparán de antemano de cómo responderán en su defensa, ni por las palabras que usarán, porque el Espíritu Santo les enseñará en ese momento lo que deben decir a los que viven en el mundo, y sabemos que esas palabras serán sazonadas con sal.

Encomendamos estos hermanos y hermanas a ti, Padre y Señor. Los ponemos bajo tu cargo, confiándolos a tu protección y cuidado, porque tú eres fiel. Tú los fortaleces y colocas sobre un cimiento firme y los guardas del maligno. Unimos nuestras voces en alabanza a ti, oh Altísimo, y callamos al enemigo vengador. ¡Gloria al Señor! ¡Mayor es el que está en nosotros que el que está en el mundo!

En su nombre, oramos. Amén.

Citas bíblicas de referencia

Jeremías 1:12	*Efesios 6:10-16*
Isaías 55:11	*Isaías 54: 14-17*
1 Pedro 5:9	*1 Corintios 1:8*
Salmo 27:1-5	*Lucas 12:11-12*
3 Juan 2	*Colosenses 4:6*
1 Juan 5:4-5	*Hechos 20:32*
Salmo 146:7	*2 Tesalonicenses 3:3*
Salmo 144:7	*Salmo 8:2*
Mateo 18:18	*1 Juan 4:4*
Hebreos 1:14	

~Sesenta y Dos~

Avivamiento

Padre, en el nombre de Jesús, tú nos has dado vida de nuevo para que tu pueblo pueda regocijarse en ti. Gracias por mostrarnos tu misericordia y bondad, oh Señor, y por concedernos tu salvación. Tú has creado en nosotros un corazón limpio, oh Dios, y renovado un espíritu recto, perseverante y firme dentro de nosotros. Tú nos has restaurado el gozo de tu salvación y nos sustentas con un espíritu noble. Entonces, enseñaremos a los transgresores tus caminos, y los pecadores se convertirán y retornarán a ti.

Nosotros, por lo tanto, limpiaremos nuestros caminos, teniendo cuidado y haciendo guardia (sobre nosotros), conforme tu Palabra (ajustando nuestras vidas a ella). Ya que tus (grandes) promesas son nuestras, nos limpiamos de todo lo que contamina y daña nuestros cuerpos y espíritus, y llevamos a perfección (nuestra) consagración en el (reverente) temor de Dios. Te hemos buscado con todo nuestro corazón, preguntando por ti y de ti, y anhelándote; no permitas que nos desviemos o apartemos (por ignorancia o voluntariamente) de tus mandamientos. En nuestro corazón hemos guardado tu Palabra para no pecar contra ti.

190

Jesús, gracias por lavarnos a través de la Palabra –las enseñanzas– que nos has dado. Nos deleitamos en tus estatutos; no nos olvidaremos de tu Palabra. Haz bien a tus siervos, para que vivamos y observemos tu Palabra (escuchándola, recibiéndola, amándola y obedeciéndola).

Padre, en el nombre de Jesús, somos hacedores de la Palabra y no solo oidores de ella. ¡Eres tú, oh Altísimo, quien nos ha vivificado y estimulado conforme a tu Palabra! Gracias por apartar nuestros ojos para que no vean vanidad (ídolos e idolatría); y por restaurarnos a una vida de vigor y salud en tus caminos. He aquí, anhelamos tus mandamientos; danos vida nueva en tu justicia. Este es nuestro consuelo en nuestra aflicción; que tu Palabra nos ha vivificado y dado vida eterna.

191

Nos despojamos de nuestra naturaleza pasada –quitando y desechando nuestro viejo hombre– lo cual caracterizaba nuestra anterior manera de vivir. De continuo nos renovamos en el espíritu de nuestra mente –teniendo una actitud mental y espiritual fresca–; y nos revestimos de la nueva naturaleza (el yo regenerado) creado a la imagen de Dios (semejante a Dios) en verdadera justicia y santidad. Aunque nuestro hombre exterior se va deteriorando y desgastando (en forma progresiva), el interior se renueva de día en día (de forma progresiva). ¡Aleluya! Amén.

Citas bíblicas de referencia

Salmo 85:6-7   Santiago 1:22

Salmo 51:10,12,13   Salmo 119:25

Salmo 119:9-11   Salmo 119:37,40,50

2 Corintios 7:1   Efesios 4:22-24

Juan 15:3   2 Corintios 4:16b

~Sesenta y Tres~

El éxito de una conferencia

Padre, oramos que aquellos que escuchen el mensaje en la conferencia _____ crean, se unan, confíen y tengan su fundamento en Jesús, como el Cristo; y que todos los que tú has llamado para asistir se encuentren allí y reciban lo que tú posees para ellos.

Permite que todos sepan y comprendan, que es en el nombre de Jesucristo de Nazaret y por medio de su poder y autoridad, y lo que él significa, que esta conferencia sea un éxito.

193

Que los oradores sean llenos del Espíritu Santo y controlados por él, y cuando la gente vea su audacia y elocuencia sin límites queden maravillados y reconozcan que han estado con Jesús. Que todos alaben y glorifiquen a Dios por lo que está ocurriendo; y que por las manos de los ministros se realicen numerosas señales sorprendentes y maravillosas entre los presentes.

Padre, en el nombre de Jesús, te agradecemos que tú has observado las amenazas del enemigo y nos has concedido, a nosotros tus siervos, plena libertad para exponer tu mensaje sin temor, mientras extiendes tu mano y realizas señales y prodigios a través de la autoridad y el poder del nombre de tu Hijo Santo y Siervo Jesús.

Te agradecemos, Padre, que cuando oremos, el lugar donde nos congreguemos sea sacudido y todos seamos llenos del Espíritu Santo, y tu pueblo pueda continuar hablando la Palabra de Dios con libertad, audacia y sin temor.

De común acuerdo, todos nos reuniremos en la conferencia, y muchas más personas se regocijarán con nosotros; una multitud de hombres y mujeres nos acompañarán. La gente vendrá de todas las regiones del norte, sur, este, y oeste trayendo enfermedades, problemas y espíritu afligido, y serán sanados.

Te damos gracias, Padre, que nuestros predicadores son hombres y mujeres de Dios probados, de buen carácter y de prestigio. Llenos del Espíritu Santo y de sabiduría. Las personas que los escucharán no podrán resistirse a la inteligencia, sabiduría e inspiración del Espíritu con que hablarán, en el nombre de Jesús.

¡Gracias Padre, por la presentación de tu Palabra, en el nombre de Jesús! Amén.

Citas bíblicas de referencia

Hechos 4:10,13,21	*Hechos 5:12b,13,16*
Hechos 5:12a	*Hechos 6:3,10*
Hechos 4:29-31	

~ *Sesenta y Cuatro* ~

Liberación y protección de una ciudad

Padre, en el nombre de Jesús, hemos recibido tu poder, habilidad, eficacia y fuerza, porque el Espíritu Santo ha venido sobre nosotros que somos sus testigos en _____ y en los confines de la tierra.

Nos acercamos confiados, sin temor y denuedo al trono de gracia para poder alcanzar misericordia, y encontrar gracia para el oportuno socorro en toda necesidad, ayuda apropiada y en buen tiempo, que viene justo cuando nosotros en la ciudad de _____ lo necesitamos.

Padre, gracias por enviar tus mandamientos a la tierra; tu Palabra corre veloz a través de _____. Ella continúa creciendo y esparciéndose.

Padre, nosotros buscamos, pedimos y requerimos la paz y el bienestar de _____, en donde tú has ordenado que vivamos. A ti oramos por el bienestar de esta ciudad y hacemos nuestra parte involucrándonos en esto. No permitiremos que (falsos) profetas y adivinos que se encuentran entre nosotros nos engañen; no les prestamos atención, ni les damos importancia a los sueños que nosotros tenemos o a los de ellos. Señor destruye (sus maquinaciones), confunde sus lenguas, pues hemos visto violencia y contiendas en la ciudad.

Espíritu Santo, te pedimos que visites la ciudad y abras los ojos de las personas, que ellos puedan volverse de las tinieblas hacia la luz, y del poder de Satanás a Dios, para que así puedan recibir perdón y liberación de sus pecados, y un lugar y una porción entre aquellos que son consagrados y purificados por la fe en Jesús.

Padre, oramos por la liberación y salvación de aquellos que siguen el curso y la moda de este mundo, y están bajo el dominio de la tendencia de este siglo presente, siguiendo al príncipe del poder del aire.

Padre, perdónalos porque no saben lo que hacen.

196 *Hablamos al príncipe del poder del aire, al dios de este mundo, quien ciega las mentes de los incrédulos (para que no puedan discernir la verdad), y ordenamos que se vaya de los cielos que están sobre nuestra ciudad.*

Padre, gracias por los ángeles guardianes que has asignado a este lugar para luchar por nosotros en los lugares celestiales.

En el nombre de Jesús, nos paramos victoriosos sobre los principados, potestades, gobernadores de las tinieblas de este siglo, y las huestes espirituales de maldad en las regiones celestiales sobre _____.

Pedimos al Espíritu Santo que recorra las puertas de la ciudad, que persuada a las personas acerca del pecado, la justicia –rectitud de corazón y rectos delante de Dios– y del juicio.

Padre, tú dices: **"Porque yo sé los pensamientos que tengo acerca de vosotros ... pensamientos de paz, y no de mal para daros el fin que esperáis"** (Jeremías 29:11). La ciudad de _____ es exaltada por la bendición de la influencia de los rectos y del favor de Dios (por causa de ellos). Amén

Citas bíblicas de referencia

Hechos 1:8	Lucas 23:34
Hebreos 4:16	2 Corintios 4:4
Salmo 147:15	Efesios 6:12
Hechos 12:24	Salmo 101:8
Jeremías 29:7-8	Juan 16:8
Salmo 55:9	Jeremías 29:11
Hechos 26:18	Proverbios 11:11a
Efesios 2:2	

197

~Sesenta y Cinco~

El gobierno nacional

Padre, en el nombre de Jesús, te damos gracias por nuestra nación y su gobierno. Levantamos en oración ante ti a los hombres y mujeres que se hallan en posiciones de autoridad. Oramos e intercedemos por el presidente, los representantes, los senadores, los jueces de nuestra nación, los policías, así como los gobernadores y alcaldes, y por todos aquellos que de una forma u otra se hallan en autoridad sobre nosotros. Te rogamos que el Espíritu del Señor repose sobre ellos.

Creemos que la sabiduría divina y las destrezas necesarias han entrado al corazón de nuestro presidente, y que este conocimiento es placentero para él. La discreción vigila sobre él; el entendimiento lo guarda y lo libra del camino del mal y de los hombres malignos.

Padre, te pedimos que rodees al presidente de hombres y mujeres cuyos corazones y oídos estén atentos a los consejos divinos y que hagan lo que es recto ante tus ojos. Creemos que tú harás que ellos sean personas íntegras, que actúen con obediencia

198

respecto de nosotros, para que podamos llevar una vida pacífica, llenas de santidad y honestidad. Oramos porque los rectos permanezcan en nuestro gobierno... que hombres y mujeres intachables e íntegros ante tus ojos, Padre, permanezcan en sus posiciones de autoridad, pero pedimos que lo maligno sea arrancado de nuestro gobierno, y que lo engañoso sea desarraigado.

Tu Palabra declara que **Bendita es la nación cuyo Dios es el Señor** (Salmo 33:12). Recibimos tu bendición, Padre. Tú eres nuestro refugio y fortaleza en tiempos de tribulación (de carestía, pobreza, desesperación). Por lo tanto, declaramos con nuestra boca que tu pueblo habita seguro en esta tierra y prosperamos abundantemente. ¡Somos más que vencedores por medio de Cristo Jesús!

Tu Palabra dice que el corazón del rey está en las manos del Señor, y que tú lo inclinas en la dirección que quieres. Creemos que el corazón de nuestro dirigente está en tus manos y que sus decisiones son divinamente dirigidas por el Señor.

Te damos gracias porque las buenas nuevas del Evangelio son proclamadas en nuestra tierra. La Palabra del Señor prevalece y crece poderosamente en el corazón y en las vidas del pueblo. Te damos gracias por esta tierra y por los dirigentes que nos has dado, en el nombre de Jesús.

¡Jesús es Señor sobre nuestra nación! Amén.

Citas bíblicas de referencia

1 Timoteo 2:1-3	Deuteronomio 28:10-11
Proverbios 2:10-12,21,22	Romanos 8:37
Salmo 33:12	Proverbios 21:1
Salmo 9:9	Hechos 12:24

~ *Sesenta y Seis* ~

Miembros de las fuerzas armadas

Padre, nuestras tropas han sido enviadas a _____ _____ encargadas de mantener la paz. Te rogamos, Señor, de acuerdo al Salmo 91, por la seguridad de nuestro personal militar.

Esto no se trata de una tarde en que se realiza una competencia atlética donde nuestras fuerzas armadas se van afuera a competir por un par de horas. Esto es una lucha de vida o muerte contra el maligno, y sus ángeles. Vemos más allá de los instrumentos humanos de conflicto y dirección, de fuerzas y gobernantes de las tinieblas, en un mundo espiritual. Como hijos del Altísimo declaramos la triunfante victoria de nuestro Señor Jesucristo.

Jesús te ha despojado, Satanás, de tus principados y poderes, exponiendo las intenciones de tú corazón. Nuestro Señor y Maestro te derrotó. Todo poder y autoridad, tanto en los cielos como en la tierra le pertenecen a él. La justicia y la verdad siempre prevalecerán, y las naciones vendrán a la luz del Evangelio.

Nuestra petición celestial es el retorno de nuestras tropas, como una real fuerza de guardadores de

201

la paz y por el derramamiento de la gloria de Dios a través de hombres y mujeres en esa parte del mundo. Úsalos como instrumentos de justicia para derrotar los planes del maligno.

Señor, nosotros luchamos con el poder de la sangre de Jesús y te pedimos la manifestación de tu poder y tu gloria. Te suplicamos que intercedas por las personas de estos países, en ambos lados del conflicto. Ellos han experimentado dolor y aflicción; han sido víctimas de estrategias diabólicas para robar, matar y destruir. Oramos que vengan al conocimiento de Jesús, quien vino a darnos vida y vida en abundancia.

Nosotros nos mantenemos firmes en la brecha por la gente deshecha por la guerra, y los dirigidos por el maligno en esta nación. Estamos esperando un derramamiento de tu gloria y tu bondad en la vida de las personas por quienes estamos orando. Que ellos puedan llamar tu nombre y ser salvos.

Tú, Señor, haces conocer tu salvación; tu justicia y te muestras abiertamente a los ojos de las naciones.

Padre, provee protección para los familiares de los miembros de nuestras fuerzas armadas. Protege a los matrimonios, haz que los corazones de los padres se vuelvan hacia los hijos, y el de los hijos hacia sus padres y madres. Suplicamos que la sangre de Jesús sea sobre nuestras tropas y sus familiares. Provee un programa de apoyo para ayudar y sostener a quienes quedan para criar a sus hijos. Jesús ha sido hecho uno con estos padres en sabiduría, justicia y santificación,

202

por medio de tu Espíritu Santo, conforta al que está solo y fortalece al débil.

Padre, esperamos por el día en que toda la tierra sea llena con el conocimiento del Señor, como las aguas cubren el mar.

En el nombre de Jesús. Amén.

Citas bíblicas de referencia

Efesios 6:12   *Salmo 98:2*

Colosenses 2:15   *Malaquías 4:6*

Juan 10:10   *1 Corintios 1:30*

Ezequiel 22:30   *Isaías 11:9*

Hechos 2:21

~ *Sesenta y Siete* ~

La nación y el pueblo de Israel

Señor no es tu voluntad arrojar, ni la nuestra desdeñar a tu pueblo, a ninguno de los dos tu abandonas, pues son tu herencia. Tú tienes en consideración el pacto (hecho por ti, con Abraham). Padre, recuerda tu pacto con Abraham, Isaac y Jacob.

204

Padre, nosotros oramos por la paz de Jerusalén. Que ellos puedan prosperar en su amor por (La Ciudad Santa). ¡Que pueda haber paz dentro de sus muros y prosperidad en sus palacios!

Por la causa de nuestros hermanos y compañeros, ahora diremos ¡La paz sea contigo! por causa de la casa del Señor, nuestro Dios, nosotros buscaremos, demandaremos y requeriremos su bien.

Padre, te damos gracias por traer al pueblo de Israel a la unidad entre ellos y traer a tu Iglesia (judíos y gentiles juntos) a la unidad –un nuevo hombre. Gracias por los anteriores tratados de paz israelíes y sus enemigos. Que estos tratados puedan ser usados como un buen camino para las buenas nuevas del Evangelio, como nosotros nos preparamos para el regreso de nuestro Mesías.

Intercedemos por aquellos que han sido insensibles e indiferentes (cegados, endurecidos, insensibles al Evangelio). Oramos que no caigan en la ruina espiritual, es a través de sus falsos caminos y transgresiones que la salvación ha venido a los gentiles.

Ahora nosotros pedimos que alumbres los ojos de su entendimiento para que sepan cuál es la esperanza a que han sido llamados y puedan conocer al Mesías, el cual se hará conocer a sí mismo en todo Israel.

Te rogamos fortalezcas la casa de Judá y salves la casa de José. Gracias Padre por restaurarlos, y por tener compasión de ellos, aunque tú no los has rechazado, porque tú eres el Señor, su Dios, y tú les responderás. Te agradecemos tu gran amor y misericordia para ellos y para nosotros en el nombre de Yeshua, nuestro Mesías.

Padre, gracias por salvar a Israel y recogerlos de entre las naciones para que alaben tu Santo nombre y para que se glorien en tus alabanzas. Bendito seas tú, Señor, Dios de Israel, desde la eternidad hasta la eternidad. Y todo el pueblo diga: "¡Amén!" Alabado sea el Señor.

En el nombre de Jesús. Amén.

Citas bíblicas de referencia

Salmo 94:14   Romanos 11:7

Salmo 74:20   Romanos 11:11

Levítico 46:22   Efesios 1:18

Salmo 122:6-9   Zacarías 10:6-12

Efesios 2:14   Salmo 106:47-48

Para orar con la Biblia

Por Germaine Copeland

...La oración eficaz del justo puede mucho.

Santiago 5:16

Orar es tener compañerismo con el Padre, un contacto vital, personal con Dios, quien es más que suficiente. Nosotros debemos estar en constante comunión con él:

> *Porque los ojos del Señor están sobre los justos y sus oídos atentos a sus oraciones...*

1 Pedro 3:12

La oración no debe ser una forma religiosa sin ningún poder. Ellas son para ser efectivas, precisas y para producir resultados. Dios vigila sobre su Palabra para ponerla por obra. (Jeremías 1:12.)

Las oraciones que producen resultados tienen que ser basadas en la Palabra de Dios.

> *Porque la Palabra de Dios es viva y eficaz y más cortante que toda espada de dos filos; y penetra hasta partir el alma y el espíritu, las coyunturas y los tuétanos y discierne los pensamientos y las intenciones del corazón.*

Hebreos 4:12

La oración es esa Palabra "viva" en nuestras bocas. Nuestra bocas tienen que declarar fe, porque la fe es lo que agrada a Dios (Hebreos 11:6). Nosotros levantamos su Palabra delante de él en oración, y nuestro Padre se ve a sí mismo en su Palabra.

La Palabra de Dios es nuestro contacto con él. Le recordamos su Palabra (Isaías 43:26) presentando una demanda en su habilidad en el nombre de nuestro Señor Jesús. Le recordamos que él suple todas nuestras necesidades de acuerdo a sus riquezas en gloria por Jesucristo (Filipenses 4:19). Esa Palabra no regresa a él vacía, sin producir algún efecto, inservible; sino hará cumplir aquello que le complace y su propósito, y prosperará en aquello para lo que él la envió (Isaías 55:11). ¡Aleluya!

Dios no nos dejó sin sus pensamientos y sus deseos porque tenemos su Palabra, su garantía. Él nos ordena que le llamemos, y él responderá y nos mostrará cosas grandes y poderosas (Jeremías 33:3). La oración es para emocionarnos, no para aburrirnos.

Se necesita que alguien ore. Dios obra mientras nos movemos en fe, creyendo. Él dice que sus ojos contemplan de un lado a otro toda la tierra para mostrar su poder a favor de los que tienen corazón perfecto para con él (2 Crónicas 16:9). Estamos sin manchas (Efesios 1:4). Somos sus propios hijos (Efesios 1:5). Somos su justicia en Jesucristo (Corintios 5:21). Él nos dice que nos acerquemos con confianza al trono de la gracia, y alcancemos misericordia y encontraremos gracia para el oportuno socorro (Hebreos 4:16). ¡Alabado sea el Señor!

La armadura de oración es para que todo creyente, todo miembro del cuerpo de Cristo, se la ponga y camine en ella, porque las armas de nuestra milicia *no son carnales* sino poderosas en Dios para la destrucción de fortalezas del enemigo (Satanás, el dios de este mundo, y todas sus fuerzas demoníacas). La guerra espiritual toma lugar en oración (Corintios 10:4; Efesios 6:12,18).

Hay muchos tipos diferentes de oración, tales como la oración de dedicación y la de adoración, y la oración que cambia las *cosas* (no a Dios). Toda oración involucra un tiempo de compañerismo con el Padre.

En Efesios 6, se nos ordena tomar la espada del Espíritu que es la Palabra de Dios, *y orando en todo tiempo con toda oración y súplica en el Espíritu, y velando en ello con toda perseverancia y súplica por todos los santos* (Efesios 6:18).

En 1 Timoteo 2, se nos exhorta y urge que se hagan *rogativas, oraciones, peticiones y oraciones de gracias, por todos los hombres* (1 Timoteo 2:1). Orar es nuestra responsabilidad.

La oración tiene que ser el fundamento del esfuerzo de cada cristiano. Cualquier fracaso es un fracaso de oración. Nosotros *no* debemos estar ignorantes en cuanto a la Palabra de Dios. Él desea que su pueblo tenga éxito, que esté lleno de un conocimiento profundo y claro de su voluntad (su Palabra), y que muestre frutos en toda buena obra (Colosenses 1:19-13). Nosotros entonces le ofrecemos honor y gloria a él (Juan 15:8). Él desea que sepamos cómo orar, porque *la oración de los rectos es gozo* (Proverbios 15:8).

Nuestro Padre no nos ha dejado desamparados. Él nos ha dado al Espíritu Santo para ayudarnos en nuestras debilidades, porque qué hemos de pedir como conviene, no lo sabemos (Romanos 8:26). ¡Alabado sea Dios! Nuestro Padre ha provisto a su pueblo con toda vía posible para asegurar su completa y total victoria en sus vidas en el nombre de nuestro Señor Jesús (1 Juan 53-5).

¡Nosotros oramos al Padre, en el nombre de Jesús, por medio del Espíritu Santo, de acuerdo a la Palabra!

Usar la Palabra de Dios a propósito, en especial, en oración es una forma de oración, y esta es la manera más efectiva y exacta. Jesús dijo: *... Las palabras que yo os he hablado son espíritu y son vida* (Juan 6:63).

Cuando Jesús se enfrentó a Satanás en el desierto, él dijo: "Escrito está,... escrito está,... escrito está". Debemos vivir, mantenernos y sostenernos con cada Palabra que sale de la boca de Dios (Mateo 4:4).

Santiago, por el Espíritu, nos amonesta que no tenemos porque no pedimos. Pedimos y no recibimos, porque pedimos mal (Santiago 4:2,3) Debemos prestar atención a esta amonestación porque tenemos que convertirnos en expertos en la oración para usar bien la Palabra e Dios (Timoteo 2:15.

Usar la Palabra en oración *no* es sacarla de contexto, porque el uso de su Palabra es la clave de las oraciones contestadas, de la oración que produce resultados. Y él está dispuesto a hacer todas las cosas mucho más abundantemente de lo que pedimos o entendemos, según el poder que actúa en nosotros (Efesios 3:20). El poder descansa dentro de la Palabra de Dios y está ungida por el Espíritu Santo. El Espíritu de Dios no nos aleja de la Palabra, porque la Palabra es del Espíritu de Dios. Nosotros podemos aplicar esa Palabra de forma personal a nosotros y a otros, sin añadir ni quitar de ella, en el nombre de Jesús. Aplicamos la Palabra al *presente*, sobre aquellas cosas, circunstancias y situaciones que cada uno de nosotros enfrentamos *ahora*.

Pablo fue muy específico en su oración. Los primeros capítulos de Efesios, Filipenses, Colosenses y 2 Tesalonicenses son ejemplos de cómo Pablo oró por los creyentes. Hay muchos otros. *Búsquelos*. Pablo escribió bajo la inspiración del Espíritu Santo. ¡Nosotros podemos usar hoy estas oraciones dadas por el Espíritu Santo!

En 2 Corintios 1:11, 2, Corintios 9:14 y Filipenses 1:4, vemos ejemplos de cómo los creyentes oraron unos por otros, poniendo a los demás primero en su vida de oración con *gozo*. Nuestra fe obra por el amor (Gálatas 5:6). Nosotros crecemos de forma espiritual a medida que nos esforzamos en ayudar a los demás, orando por ellos y con ellos y presentándoles la Palabra de Vida (Filipenses 2:16).

El hombre es un espíritu, él tiene un alma y vive en un cuerpo (1 Tesalonicenses 5:23). Para poder operar con éxito, cada una de estas tres partes tiene que ser alimentada de forma apropiada. El alma o intelecto se alimenta con alimento intelectual para producir fuerza intelectual. El cuerpo se alimenta con alimento físico, para producir fuerza física. El espíritu, el corazón u hombre interior, es el verdadero usted; la parte que ha nacido de nuevo en Jesucristo. Tiene que alimentarse con alimento espiritual, que es la Palabra de Dios, para poder producir y desarrollar fe. A medida que nos damos banquete con la Palabra de Dios, nuestra mentes se renuevan con su Palabra, y adquirimos una actitud mental fresca y espiritual (Efesios 4:23,24).

De la misma manera, debemos presentar nuestros cuerpos como sacrificio vivo, santo, agradable a Dios (Romanos 12:1) y no dejar que ese cuerpo nos domine sino traigámoslo a sumisión bajo el hombre espiritual (1 Corintios 9:27). La Palabra de Dios es salud y vida a todo nuestro cuerpo (Proverbios 4:22). Por lo tanto, la Palabra de Dios afecta cada parte nuestra, espíritu, alma y cuerpo En esencia, somos unidos al Padre, a Jesús y al Espíritu Santo, uno con ellos (Juan 16:13-15, Juan 17:21, Colosenses 2:10).

La Palabra de Dios, este alimento espiritual, echa raíces en nuestros corazones, toma forma por la lengua, y la hablamos cuando sale de nuestra boca. Esto es poder creativo. La Palabra hablada obra a medida que la confesamos y luego le aplicamos acción a la misma.

Sé hacedor de la palabra y no tan solamente oidores, engañándoos a vosotros mismos (Santiago 1:22). La fe sin obras corresponde a una acción que está muerta (Santiago 2:17). No sea uno que sólo asiente mentalmente, aquellos que están de acuerdo en que la Biblia es verdad, pero nunca actúa de acuerdo a ella. *La fe real actúa sobre la Palabra de Dios.* Nosotros no podemos edificar la fe sin practicar la Palabra. No podemos desarrollar una vida de oración efectiva que no sea otra cosa que un grupo de palabras vacías, a menos que la Palabra de Dios en realidad tenga una parte en nuestras vidas. Debemos asirnos con fuerza a nuestra confesión de la veracidad de la Palabra. Nuestro Señor Jesús es el sumo sacerdote de nuestra *confesión* (Hebreos 3:1), y él es la garantía de un mejor acuerdo, un pacto más excelente y beneficioso (Hebreos 7:22).

La oración no hace que la fe obre, pero la fe hace que la oración obre. Por lo tanto, cualquier problema de oración es un problema de duda —dudando de la integridad de la Palabra y de la habilidad de Dios para apoyar sus promesas o afirmaciones concretas en la Palabra.

Podemos pasar horas muertas en oración si nuestros corazones no están preparados de antemano. La preparación del corazón, del espíritu, viene con la meditación en la Palabra del Padre, la meditación de lo que somos en Cristo, lo que él es para nosotros, y lo que el Espíritu Santo puede significar para nosotros a medida que nos volvemos conscientes a la mente de Dios. Según Dios le dijo a Josué (Josué 1:8), a medida que meditamos en la Palabra de día y de noche, y actuamos de acuerdo a todo lo que está escrito, entonces haremos que nuestros caminos prosperen y todo saldrá bien. Tenemos que estar atentos a la Palabra de Dios, someternos a sus estatutos, mantenerla en el centro de nuestros corazones y rechazar toda conversación contraria (Proverbios 4:20-24).

Cuando usamos la Palabra de Dios en oración, esto no es algo que simplemente hacemos con prisa una vez, y hemos terminado. No se equivoque. No hay nada "mágico" ni "manipulativo" en esto, no hay un patrón establecido o método para poder satisfacer lo que deseamos o pensamos en nuestra carne. En su lugar, estamos sosteniendo la Palabra de Dios ante él. Confesamos que lo que él dice nos pertenece a nosotros.

Esperamos en su intervención divina, mientras escogemos no mirar a las cosas que se ven, sino a las que no se ven, porque las cosas que se ven están sujetas a cambio (2 Corintios 4:18).

La oración basada en la Palabra de Dios se levanta por encima de los sentidos, hace contacto con el Autor de la Palabra y establece sus leyes espirituales en movimiento. No es solo decir oraciones que producen resultados, sino es pasar tiempo con el Padre, aprender de su sabiduría, sacar de su fuerza, ser lleno con su tranquilidad y disfrutar de su amor que trae resultados a nuestras oraciones. ¡Alabado sea el Señor!

* * *

Las oraciones de este libro han sido diseñadas para enseñarle y entrenarle en el arte de la confesión personal y la oración intercesora. A medida que usted ora, estará reforzando la armadura de oración que se nos ha ordenado llevar en Efesios 6:11. El material de que está hecha la armadura es la Palabra de Dios. Debemos vivir según cada palabra que procede de la boca de Dios, porque sabemos que nos cambia. Al recibir ese consejo, usted será ...*transformado por medio de la renovación de nuestro entendimiento, para que comprobéis cuál sea la buena voluntad de Dios, agradable y perfecto* (Romanos 12:2).

Las oraciones de confesión personal de la Palabra de Dios para uno mismo, pueden usarse como oraciones intercesoras para los demás, con solo orarlas en tercera persona, cambia el pronombre yo o nosotros por el nombre de la persona o personas por quien está intercediendo, y ajusta los verbos de acuerdo a la oración.

Las oraciones de intercesión tienen espacios en blanco en los cuales (de forma individual o grupo) debe llenarlos con el nombre(s) de la persona por quien está orando. Estas oraciones de intercesión pueden de igual forma ser hechas oraciones de confesión personal para uno mismo (o su grupo) al insertar su nombre(s) y el pronombre personal apropiado.

Una pregunta que a menudo se hace es: "¿Cuántas veces debiera orar la misma oración?"

La respuesta es simple: usted ora hasta que sepa que la respuesta está firme en su corazón. Después necesita repetir la oración siempre que circunstancias adversas o períodos de tiempo largos causen que sea tentada a dudar de que su oración ha sido escuchada y su respuesta otorgada.

La Palabra de Dios es su arma contra la tentación, desánimo y preocupación en su vida. Cuando esa palabra de promesa se establezca en su corazón, se encontrará alabando, dando gloria a Dios por la respuesta, aun cuando lo única evidencia que tenga de esa oración sea su propia fe.

Otra pregunta que se hace a menudo: "Cuando repetimos las oraciones más de una vez, ¿no estamos haciendo 'vanas repeticiones'?"

Está claro que tales personas se refieren a la amonestación de Jesús cuando dijo a sus discípulos: **Y orando, no uséis vanas repeticiones, como los gentiles, que piensan que por su palabrería serán oídos** (Mateo 6:7) El orar la Palabra de Dios, no es orar el tipo de oración que los "paganos" oran. Usted notará en 1 Reyes 18:25-29 la clase de oración que fue ofrecida a los dioses que no podían oír. Esa no es la forma en que usted y yo oramos. Las palabras que nosotros hablamos no son vanas, sino con espíritu y vida, y poderosas por medio de Dios para derribar fortalezas. Nosotros tenemos un Dios, cuyos ojos están sobre los justos y cuyos oídos están abiertos a nosotros; cuando oramos, él nos escucha.

Usted es la justicia de Dios en Cristo Jesús, y sus oraciones pueden mucho. Estas traerán salvación al pecador, liberación al oprimido, sanidad al enfermo, y prosperidad al pobre. Ellas acompañarán el próximo mover de Dios en la tierra. Además de afectar las circunstancias externas y a otras personas, sus oraciones también tendrán efecto sobre usted misma.

En el proceso de oración, su vida cambiará a medida que va de fe en fe y de gloria en gloria.

Como cristiana, su prioridad es amar al Señor su Dios con todo su ser, y a su prójimo como a sí misma. Usted es llamada a ser una intercesora, una mujer de oración. Usted debe buscar el rostro del Señor mientras inquiere, escucha, medita y considera en el templo del Señor.

Como uno de los "apartados de Dios" la voluntad del Señor para su vida es la misma que es verdadera para cualquier otro creyente *...buscad primeramente el reino de Dios y su justicia, y todas estas cosas os serán añadidas* (Mateo 6:33).

La autora

Germaine Griffin Copeland, presidenta y fundadora de Word Ministries, Inc. es la autora de la *Familia de Libros de Oraciones con poder.*

Sus escritos proveen instrucción para oraciones bíblicas, que le ayudarán a orar de forma efectiva, por todo lo concerniente a usted y su familia y por otras peticiones.

Su enseñanza sobre la oración, el crecimiento personal del intercesor, la sanidad emocional, y temas relacionados han traído comprensión, esperanza, sanidad y libertad al herido emocionalmente y al desanimado. Ella es una mujer de oración y alabanza, cuya mayor forma de adoración la expresa por medio del estudio de la Palabra de Dios. Su principal anhelo es conocer a Dios.

Word Ministries, Inc. es un ministerio de oración y enseñanza. Germaine cree que Dios la ha llamado a enseñar las aplicaciones prácticas de la Palabra de Verdad para una vida de éxito y victoria. Después de años de diligente búsqueda de la verdad, y tratar una y otra vez de salir de la depresión, clamó al nombre del Señor y la luz de la presencia de Dios invadió la habitación donde ella se encontraba sentada.